_____ 님께 드립니다.

오늘부터
진짜 부부

일러두기

1 먼저 결혼한 언니·오빠(누나·형)가 친동생에게 이야기하는 편지글의 형태로 쓰였습니다. 딱딱한 지침이 아닌 따뜻한 조언이 되길 바랍니다.

2 챕터별 솔루션에는 100여 명의 '현실 부부'들을 만나 그들의 사례와 노하우를 인터뷰하여 재가공한 내용을 담았습니다.

3 김아연(결혼 9년 차, 은우·은재 엄마)과 박현규(결혼 5년 차, 하유·하루 아빠)가 공동 집필했으나 독자들의 이해를 돕기 위해 한 사람의 목소리로 전합니다.

오늘부터
진짜부부

따로 또 같이,

한 번쯤

고민해야 할

가족이라는

팀플레이

김아연·박현규 지음

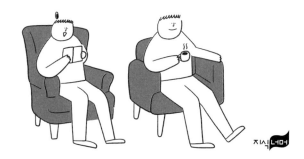

지식너머

'인간은 정서적 유대감을 갖고 싶은 타고난 욕구가 있다.'

1950년대 영국 정신의학자 존 보울비가 발표한 애착 이론의 기본 개념입니다. 외롭고 힘들 때 누군가에게 의존하고 싶은 마음은 병적이거나 나약함이 아니라 건강한 인간의 욕구라는 말이지요. 그는 아이들의 애착 욕구를 충족시켜 주기 위해서 양육자는 "재능이나 돈이 많거나 유머가 풍부할 필요가 없다. 단지 함께 있어 주면 된다"라고 말했습니다. 한마디로 양육에서 가장 중요한 것은 아이들이 기뻐할 때 기쁜 마음으로 함께 있고, 슬퍼할 때 슬픈 마음으로 다가가면 된다는 것입니다.

이후 1980년대 캐나다 심리학자 수잔 존슨은 이 애착 이론을 부부치료 분야에 끌어들입니다. 부부 역시 힘들고 외로울 때, 애착 욕구가 발생하는 것이지요. 즉 애착은 아동에게만 필요한 것이 아니라 요람에서 무덤까지, 인간이 살아 있는 내내 충족되어야 합니다.

하지만 안타깝게도 부부 사이에서도 애착 욕구가 충족되어야 한다는 사실을 모르는 사람들이 많습니다. 사랑하는 사람과 같이 살면서도 같이 있어 주는 법을 모르니 부부 갈등이 생기고 각자 아파하지요. 그러면서도 열심히 돈을 벌고, 성실하게 살고, 크게 나쁜 행동을 하지 않으면 부부가 행복하리라 생각하는 경우가 많습니다. 그러나 이것은 부부로 살아가는 데 도움은 되지만 본질은 아닙니다.

부부는 외로울 때 서로에게 위로받고, 기쁠 때 함께 기뻐할 수 있는 애착의 대상이 돼야 합니다. 특히 인간의 애착 욕구는 스트레스 상황에서 가장 활성화되는데, 요즘처럼 스트레스가 많은 세상에서 부부가 정서적으로 소통해야 하는 이유이기도 합니다.

보울비의 주장처럼 부부가 행복하려면 '그저 함께 있어 주는 것'이 필요합니다. 이 책의 저자들은 '진짜' 함께하려면 서로의 입장부터 경험해야 한다고 말합니다. "경험하지 않은 것은 정보이고 진짜 아는 것은 경험된 것이다"라는 아인슈타인의 말처럼 경험하면서 서로를 알아가자고 주장합니다. 가사분담을 하기 전 집안일을 같이 해 보고, 일과 가정을 남녀 프레임으로 나누지 말자고 말합니다. 유쾌하고 현명한 조언입니다. 부부가 독립적인 한 사람으로 존재하는 동시에 한 팀이 되어서 결혼 생활을 풀어갈 때 안정이 찾아오고 진정한 나를 발견할 여유와 시간이 생깁니다.

정서 중심의 부부치료 전문가로서, 결혼 선배로서 이 책이 행복한 가정을 이루길 꿈꾸는 예비부부와 신혼부부 그리고 결혼 생활을 점검해 보고 싶은 부부들에게 생각할 시간을 주는 유용한 책이라고 단언합니다. 이 책을 읽는 동안 부부 관계가 힘들어 상담실을 찾아오는 수많은 부부들이 떠올랐습니다. 그들에게 권할 수 있는 책이 출간되어 기쁜 마음입니다. 더 많은 부부가 읽어보기를 바랍니다. 두 저자의 조언은 행복한 부부로 성장하는 지름길이 되어줄 것입니다.

연리지가족부부연구소 박성덕 소장
《당신, 힘들었겠다》,《우리 다시 좋아질 수 있을까》의 저자

꽤 괜찮은 부부라고 생각했었습니다.

결혼하고 처음으로 마련한 우리 둘만의 공간을 채우고 가꾸는 재미가 쏠쏠했습니다. 앞치마를 두르고 요리를 하는 내 모습이 근사했고, 맛이 없어도 밥 한 그릇 뚝딱 해치우는 남편은 더 근사했습니다.

결혼하기 전에는 집안일과 거리가 멀었습니다. 친정엄마는 시집가면 평생 할 일이니 곱게 있다 시집가라며 설거지도 하지 못하게 하셨습니다. 상견례를 하던 날 "덩치만 어른이지. 할 줄 아는 게 아무것도 없어요. 사부인께서 많이 가르쳐주세요"라고 하실 정도였습니다. 결혼한 뒤 퇴근하면 집안일, 주말에도 집안일을 할 때면 엄마의 말씀이 생각났습니다.

그렇다고 버거울 정도는 아니었습니다. 남편도 저도 아침이면 출근해 저녁에 퇴근하니 집안은 늘 깨끗했고, 야근이나 회식으로 저녁을 각자 해결하고 오는 날도 잦았으니까요. 피곤한 날은 남편에게 "우리 같이 사는 집인데 왜 만날 나만 움직여" 하고 볼멘소리를 했고, 남편은 머리를 긁적이며 집안일을 도왔습니다.

그리고 임신을 해서 아이를 낳았습니다. 결혼으로 인생이 45도쯤 달라졌다면 아이를 낳고는 180도 바뀌었습니다. 꽉 안으면 바스러질 것 같은 이 작은 생명을 내가 낳았다는 사실이 믿기지 않았습니다. 준비된 엄마는 없다지만 막상 엄마가 되니 '너무 용감했구나' 싶더군요. 하루라도 빨리 '초보 엄마' 딱지를 떼려고 열심히 노력했습니다. 그때 처음 남편이 낯설었습니다. 엄마가 된 내 생활은 완전히 달라졌는데 아빠가 된 남편은 크게 달라진 것이 없어 보였습니다. 남편은 여전히 아침이면 출근해 저녁 늦게 퇴근했고, 잠든 아이 얼굴을 잠시 아련히 바라볼 뿐이었습니다. 당시에는 제가 육아휴직 중이었으니 아이를 돌보는 것은 내 몫이라고 여겼고 불만을 가지면 안 된다고 생각했습니다.

그렇게 복직일이 다가왔습니다. 이제 막 혼자 걷기 시작한 아이를 두고 출근하려니 마음이 무거웠습니다. 제가 없는 아이의 하루가 상상되지 않았습니다. 낮에는 어린이집과 베이비시터가 돌봐준다고 하지만, 갑자기 야근하게 되면? 출장 갈 일이 생기면? 아득했습니다. 아이의 아빠인 남편이 있지만 아이 낮잠 한 번 재워보지 않았고 밥 한 번 먹여본 적 없으니 미덥지 않았습니다. 남편과 조금씩 멀어지기 시작했습니다.

결혼 9년 차 아내이자 두 아이의 엄마, 저 김아연의 이야기입니다. 처음에는 아주 작은 차이입니다. 문제는 축이 한쪽으로 기울기 시작하면 시간이 지나며 점점 더 기운다는 것입니다. 벌써 6년이 지난 일이지만 이것은 저만의 이야기가 아닙니다. 그동안 만난 수많은 부부가 균형을 맞추고 평등한 부부가 되고 싶어 했습니다. 하지만 평등하지 않아 힘들다며 어떻게 평등해질 수 있는지 방법을 찾고 있었습니다.

관련 책을 찾아서 읽고 먼저 결혼한 분들께 조언을 구했지만 똑 부러진 답은 없었습니다. 아마 '남자는 일, 여자는 가정'이라는 성 역할에 따라 결혼 생활을 하는 게 당연했던 우리 부모 세대와 달리 요즘 우리들은 남녀 구분 없이 같이 일하고 같이 살림하고 같이 아이를 키우고 싶어 하기 때문일 겁니다. '남편과 아내'를 넘어 '사람과 사람'으로 결혼 생활을 하려는 첫 세대이다 보니 롤모델을 찾기 어렵습니다.

그래서 이 책을 기획했습니다. 공저자인 박현규 선생님은 결혼 5년 차 남편이자 두 아이의 아빠입니다. 부부가 아닌 두 사람이 좀 더 객관적인 입장에서 부부의 균형을 고민했습니다. 성별도, 결혼 경력도 다르지만, 저희에겐 몇 가지 공통점이 있습니다. 둘 다 포스트를 통해 많은 부부와 소통하고 있으며 책과 강연, 모임 등으로 좀 더 깊은 이야기를 나누고 있습니다. 그리고 무엇보다 '평등한 부부가 행복하다'는 결혼관이 같습니다.

우리 두 사람이 생각하는 평등은 남편과 아내, 엄마와 아빠가 똑같다는 말이 아닙니다. 부부 두 사람 모두 억울한 감정이 들지 않고 서로에게 감사할 때 부부 사이에 균형이 맞춰지며 평등하다고 생각합니다. 그래서 우리 부부도, 박현규 선생님 부부도 균형을 맞추려고 노력합니다.

각자 부부의 노력과 시행착오, '현실 부부' 100여 명의 사례와 노하우를 엮었습니다. 같은 고민을 하는 분들께 힘이 되고 싶습니다. 특히 결혼을 준비하는 예비부부와 신혼부부들에게 도움이 되면 좋겠습니다. 첫 단추를 잘 채우면 두 번째, 세 번째 단추를 채우는 것도 수월하니까요. '내가 다시 신혼 시절로 돌아간다면 이렇게 했을 텐데' 하는 아쉬운 것부터 담았습니다. 이 책과 함께 '남편과 아내'를 넘어 '사람과 사람'으로 성장하는 결혼 생활을 하시길 바랍니다.

Contents

Part
01

대한민국 현실 부부, 롤모델이 사라졌다!

Part
02

집안일을 대하는 현명한 자세

Part
03

부부가 부모가 될 때

Part
04

따로 또 같이, 가족의 균형을 잡다

대한민국 현실 부부,
롤모델이 사라졌다!

여자에게 결혼은
'손해'다?

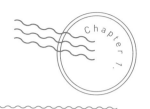

결혼을 앞둔 여동생에게

결혼, 새로운 나를 발견하는 시간

7년 연애 끝에 결혼하겠다고 했을 때 먼저 결혼한 선배들이 했던 말이 아직도 생생해.

"결혼하면 여자에겐 손해야. 다시 생각해 봐."

사실 나도 겁이 나긴 했었어. 대학 졸업하고 취직을 하니 이제야 내 몸 하나를 건사하는 것 같은데, 가정을 꾸리면 모든 게 뒤흔들릴 것 같았거든. '내가 누군가의 아내가 되고 엄마가 된다고?' 상상도 되지 않더라.

친구들도 비슷했나봐. 어르신들은 나를 보면 "넌 언제 결혼할

거냐?"라고 물으시는데 우리끼리 모이면 "넌 결혼할 거야?"라고
묻곤 했거든. 얼마 전에 실시된 설문 조사를 보니 미혼남녀 10명
중 6명은 '결혼을 해도 그만, 안 해도 그만'이라고 답했더라. 맞아.
해도 그만, 안 해도 그만인 것 같은데 주변에서는 결혼하면 손해
라느니, 다시 태어나면 결혼하지 않고 혼자 살겠다느니 부정적인
말들을 하니 더 두려울 수밖에. 어쩔 땐 결혼을 하겠다는 내가 섶
을 지고 불구덩이에 뛰어드는 것 같기도 했다니깐.

그럴 때마다 마음을 다잡을 수 있었던 건 그래도 '이 사람'하
고 라면 내가 생각하는 '그' 결혼 생활을 할 수 있을 거라는 기대
때문이었어. 7년 연애하며 지켜본 이 남자는 꽤 괜찮은 사람이었
거든. 남편은 프러포즈하면서 이렇게 말했어.

"앞으론 넘어지지 않게 해 줄게."

난 평지에서도 잘 넘어지는 편이라 다리에 멍이 가실 날이 없
잖아. 데이트할 때도 넘어질 뻔할 때마다 남편의 손을 잡고 있어
서 넘어지지 않을 수 있었어.

그래, 손해면 얼마나 손해겠어. 손해가 있으면 이득도 있겠지.
그리고 이 남자랑 살면 내가 손해를 좀 봐도 억울하진 않을 것 같
았어. 그래서 결혼을 결심했지.

로맨스는 여기까지.

충분히 생각하고 결심했는데도 결혼 생활은 쉽지 않았어. "넘
어지지 않게 해 줄게"라고 프러포즈했던 남편은 약속을 충실히
지키더라. 소파에서 과자를 먹고는 휙 일어나 걸어다니니 남편의
걸음걸음마다 과자 부스러기가 떨어져 있었어. 나는 그 부스러기

가 밟혀서 치우며 걷느라 넘어질 수 없었지. 그런데 사실 결혼하기 전에는 나도 그랬어. 부끄럽지만 내가 남긴 과자 부스러기를 엄마가 치우셨지. 엄마한테 매번 "칠칠치 못하다"라는 지적을 받으면서도 '칠칠치 못하면 좀 어때?' 하고 한 귀로 흘렸었어.

그런데 결혼을 하고 나니 내가 갑자기 칠칠한 사람으로 변하더라. 노력한 것도 아닌데 그냥 어느 날 갑자기 '짠' 하고 변해버렸어. 엄마가 "네가 이렇게 바지런한 줄 몰랐다"라며 놀란 건 당연했지. 물론 나도 그런 내 모습이 낯설었어.

'잘하고 싶다'는 조바심을 경계하라

왜 그렇게 바지런해졌을까? 돌이켜보니 마음이 급했던 것 같아. 결혼했으니 빨리 그럴듯한 아내가 되고 싶어서 조바심이 났던 거지. 할 줄 아는 게 없으니 더 그랬던 것 같아.

신혼여행을 다녀왔더니 주변에서 "집들이는 언제 할 거야?"라고 묻는 거야. 집들이? 할 줄 아는 요리라고는 김치찌개 하나. 결혼 전에 입던 옷은 아직 정리도 하지 못해서 방 한쪽에 그대로 쌓여 있는데 "집들이할 거야?"도 아닌 집들이를 '언제' 할 거냐고 다짜고짜 계획을 물으니…. 한마디로 '오 마이 갓!'이었어.

매번 그랬던 것 같아. 나는 이제 막 결혼한 '초보 주부'이니 어설픈 게 당연한데 그걸 스스로 '무능력한 주부'라고 생각했던 것 같아. 그러니 '능력 있는 주부'가 되려고 아등바등했지. 경험이 쌓이면 자연스럽게 익숙해질 텐데 그걸 기다리지 못했어.

연리지가족부부연구소 박성덕 소장은 "여자는 결혼하면 이내 아내의 역할을 파악하고 아내로서 남편에게 책무를 다한다"라고 했어. 맞아. 나도 그랬던 것 같아. 아내로서 남편에게 책무를 다하고 주부로서 최선을 다했어. 그래서 더 빨리 초보 딱지를 뗄 수 있었던 건 사실이야.

그런데 문제는 결혼은 한 사람의 노력으로는 반쪽짜리 결과밖에 얻지 못한다는 거야. 내가 '고수 주부', '고수 아내'가 된다고 해서 남편도 저절로 '고수 남편'이 되는 게 아니거든. 오히려 내가 '고수 아내'가 되어갈수록 남편에게 '당신도 노력해서 어서 초보 딱지를 떼라'고 잔소리를 하게 됐던 것 같아.

그런데 사람이 변하는 게 쉽지 않잖아. 스스로 변하겠다고 작심해도 그 노력이 3일 가기가 힘든데 옆에서 변하라고 다그쳐봐야 소용없어. 말하는 사람 입만 아프지.

우리 남편만 그러나 싶었는데, 그게 남자들 특성이래. 텍사스 대학 로버트 조지프 교수는 남자의 자아존중감은 타인에게서 독립성을 유지할 수 있는 능력에서 나온다고 했어. 그래서 남자들은 결혼 후에도 자신만의 삶을 유지하며 혼자 있을 공간을 찾는 거라고 하더라. 그러다보니 여자가 아내로 변하는 속도와 남자가 남편으로 변하는 속도가 다를 수밖에 없다는 거야.

내가 결혼 생활을 안정 궤도에 올리려고 남편을 다그칠수록 남편은 내가 낯설었을 것 같아. 하루빨리 안정된 부부가 되고 싶은 마음과는 반대로 남편과의 관계만 삐거덕거리기 시작했어.

그러니 '완벽한' 주부, '완벽한' 아내가 되겠다고 너무 서두르지 마. 결혼은 두 사람이 한배를 타는 거야. 한배에 탄 이상 노도 같이 저어야 해. 서둘러 결승선에 닿고 싶다고 한쪽이 노를 빨리 저으면 어떻게 될까? 한쪽이 너무 빨리 저어도, 너무 느리게 저어도 배는 뒤집히기 마련이야. 그러니 배를 잘 운전하고 싶다면 조바심내지 말고 남편과 속도를 맞춰 노를 저어야 해.

'어떤 아내가 될 것인가?' 나에게 묻기

그런데 여기서 의문 하나. 대체 아내의 역할, 아내의 책무가 뭐길래 나는 그렇게 빨리 '아내'가 되고 싶었던 걸까. 내가 되려고 하는 '아내'는 어떤 모습이었을까?

'아내'를 떠올리면 친정엄마가 가장 먼저 생각나. 기억 속 엄마는 늘 앞치마를 두르고 계셨어. 먹고 싶은 게 있다고 하면 얼마 지나지 않아 그 요리가 식탁에 올려져 있었고, 아무리 지저분한 곳도 엄마가 지나가고 나면 먼지 한 톨 남아 있지 않았지. 물건을 찾다 찾다 못 찾겠어서 엄마한테 물어보면 단박에 찾아주셨어. 아빠가 "'그것' 좀 줘 봐"라고 하시면 나는 "그게 뭔데?" 하고 되묻는 반면 엄마는 그걸 어떻게 알아듣고 '그것'을 가져다드렸어. 그럴 때면 엄마한텐 보이지 않는 레이더가 있어서 집안 구석구석 그리고 우리 식구 마음속까지 꿰뚫고 있는 것 같아 무서울 정도였어.

엄마는 나에게 '아내 정답'이었어. 결혼을 하면 엄마 같은 아내가 되어야 한다고 막연히 생각했지. 그런데 어느 날 궁금해지는 거야. 난 정말 엄마 같은 아내가 되고 싶은 걸까? 결혼하면 으레 엄마처럼 살아야 한다고, 현모양처가 되어야 한다고 받아들였던 건 아닐까?

엄마와 나는 결혼하기 전까지 다른 삶을 살아왔어. 엄마는 '여자는 얌전히 있다가 좋은 남자를 만나서 결혼하고 살림 잘하고 애 잘 키우면 된다'는 시대에 나고 자라셨지. 나는 "여자라고 못할 것 없다. 하고 싶은 거 다 하고 살아라"라는 말을 들으며 자랐어. 그 말을 나에게 가장 많이 했던 건 다름 아닌 엄마였어. "엄마처럼 집에만 묶여 있지 말고 훨훨 날아다니며 살라고 공부시키는 거다"라고 하셨어. 그래서 공부를 열심히 했고 남자 친구들과의 경쟁에서도 지지 않았어. 대학입시에서도 취업에서도 마찬가지였지.

그런데 이상하게 결혼을 하는 동시에 다들 엄마처럼 살라고 하더라. 사회도, 나 스스로도 한 치의 의심 없이 '엄마 같은 아내'가 되라고 한 것 같아. 엄마 같은 아내는 '남자는 바깥주인, 여자는 안주인'인 세상의 정답이었어. 그런데 우리는 성별에 따른 고정관념이 없는 세상에 살고 있잖아. 아니, 그런 세상이 되어야 한다고 하고 있잖아. 그러니 '아내 정답'도 달라져야 하지 않을까? 나부터 우리가 보고 자란 아내상(像)을 따르는 것이 아니라 우리 아이들에게 보여줄 새로운 아내상(像)을 만들어야 하는 거지.

그러기 위해서는 '나도 이런 아내가 되어야지'가 아니라 '나는 어떤 아내가 되고 싶은가?'를 먼저 생각해 보면 어떨까. 그리고 아내의 역할과 남편의 역할을 따로 생각하지 않는 거야. 결혼하며 주어진 역할이라면 아내, 남편이 아닌 '부부의 역할'이니 같이 상의하고 같이 해나가는 것이 맞아. "집들이 언제 할 거야?"라는 질문을 받으면 나 혼자 압박을 받는 게 아니라 집들이를 할지 말지, 음식을 집에서 할지 밖에서 먹을지, 집안은 어떻게 치울지를 먼저 남편과 상의해서 정하는 거지.

친정엄마에게서 진짜 독립하기

기왕 친정엄마 이야기가 나왔으니 하나 더 이야기해 볼게. 난 내가 우리 엄마를 이렇게 많이 좋아하는 걸 결혼한 뒤에 알았어. 물론 친했지. 엄마랑 딸은 세상에서 가장 친한 친구라고 하잖아. 우리 엄마랑 나도 그랬어.

그런데 결혼을 하니 더 각별해지더라. '우리 엄마도 이렇게 아내가 되고 엄마가 된 거구나'라는 동지애가 더해졌다고나 할까? '엄마도 처음부터 엄마였던 건 아니구나' 하며 엄마의 결혼 전이 궁금해지고 말이야.

'아내도 아내가 필요하다'라고들 해. 결혼하기 전에는 엄마가 해 주던 것들, 매일 해 줘서 받고 있는지도 몰랐던 것들이 결혼하고 나니 하나하나 보이더라. 그럴 때마다 엄마한테 미안하고 고맙고 엄마 품이 그리웠어.

그러면 그럴수록 엄마한테 기대고 싶어졌어. 주말에 친정에 한 번 다녀오면 한동안은 반찬 걱정이 없어지니까. 엄마가 보고 싶다는 핑계로 주말에 친정 나들이를 갔지만, 사실은 반찬이 필요해서 간 날도 많았어. 갈 때마다 엄마는 내 속을 읽은 듯 반찬을 한 보따리씩 챙겨주셨지. 반찬을 하는 김에 조금 더 했다고 하시지만, 딸이랑 사위가 좋아하는 반찬만 가득하던걸? 맞아. 누가 봐도 거짓말이었어. 물론, 도움을 받을 수는 있어. 그런데 기쁘게 돕고 기쁘게 받는 정도까지만. 그 도움에 의존하지는 말자.

그래서 선을 그어야 하는 것 같아. 결혼하면서 경제적·신체적 독립을 한 만큼 정신적 독립도 해야 해. 사실 가장 어려운 게 정신적 독립이야.

결혼 생활이 힘들 때마다 가장 먼저 생각나는 건 친정엄마야. 결혼 선배니까, 내 엄마니까 조언을 구하고 도움을 청하고 싶지. 그런데 엄마 입장에서는 '내 딸'의 문제이다보니 아무래도 공평하기 어려워. 팔은 안으로 굽는 게 당연하듯 딸 편을 들게 되는 것 같아. 그러다보면 오히려 부부 갈등으로 이어지기도 해. 한 결혼전문업체가 재혼 상담 신청자에게 이혼 사유를 물어본 적이 있는데 남성의 26%가 '처가의 간섭 및 갈등'을 꼽았을 정도야.

특히 신혼 초기에는 누구의 간섭도 없이 부부 두 사람이 함께 해결책을 찾아보는 것이 중요해. 뒹굴고 얘기하고 상의하고 의견이 다를 땐 다투기도 하면서 부부만의 이야기를 쓰기 시작하는 거야.

연애할 때의 '남자친구'와 결혼을 준비할 때의 '예비신랑'이 다르게 느껴지지 않았어? 결혼을 하고 나면 '예비신랑'과 '남편'

은 또 다른 사람처럼 느껴지거든. 나만 해도 7년간 연애하면서 '이 남자'의 사소한 습관까지 다 알고 있다고 생각했는데 결혼한 뒤 남편이 된 '이 남자'는 다른 사람 같더라. 사람이 달라질 리 없잖아. 자리가 사람을 만든다는 말처럼 연애할 때와 결혼할 때 내 눈에 보이는 상대방의 성격과 습관이 다른 거지.

연애할 땐 옷에 작은 먼지 하나 붙어 있는 걸 보지 못하는 남편의 깔끔한 성격이 좋았는데, 결혼하고 나니 그 먼지를 떼서 아무 데나 놓는 버릇이 보이기 시작하더라. 하루는 내가 "쓰레기통에 버리지 않을 거면 차라리 먼지를 옷에 붙이고 있어!" 하고 큰소리를 낸 적도 있다니까. 웃기지?

이런 점이 한두 개가 아니야. 그러니 결혼하면 당분간이라도 의식적으로 서로에게 집중해 봐. '이제 우리는 매일 같이 있는 사이니까'라고 생각할 수 있어. 하지만 같은 공간에 있는 것과 같이 시간을 보내는 것은 달라. 같이 시간을 보내야 깨를 볶든 콩을 볶든 할 수 있어.

그러니 친정도 시댁도 부부보다 우선에 두지 마. 일단 너희 둘이 결혼 생활에 익숙해질 때까지는 모든 걸 너희 힘으로 해 보는 게 좋아. 그렇게 부부의 힘을 키워야 해.

부부 이전의 '나'를 챙겨라

결혼의 중심은 부부야. 그런데 부부의 중심은 '나'야.

대학을 졸업하고 얼마 지나지 않아 동기 중 한 명이 결혼을 했어. 그때 우리 나이가 스물다섯이었으니 빠른 결혼이었지. 결혼식장에서 동기들 대부분을 만날 수 있었어. 그때 한 선배가 그러더라.

"여자들은 결혼하고 나면 연락이 점점 끊겨. 그러니 결혼식장에 동기들을 많이 부르고 싶으면 빨리 결혼해라."

설마 했는데 그 말이 맞더라. 그 다음 해에 결혼한 동기의 결혼식에는 친구들이 조금 덜 보였고, 또 그 다음 해 결혼식에는 더 적었어. 얼마 전 결혼한 동기도 있는데 부끄러운 고백이지만, 나도 가지 못했어.

결혼을 하고 엄마가 되니 내 일정보다는 가족의 일정이 매번 우선이야. 어린아이 둘을 데리고 결혼식에 가는 게 민폐라는 이유를 댔지만, 사실 궁색한 핑계였지. 얼굴을 보고 축하해 주길 친구도 바라지 않았을까? 이 일이 두고두고 미안하고 아쉽더라.

아이들이 어릴 땐 친구들이 만나자고 해도 아이들이 자란 뒤로 미루게 돼. 그런데 미루는 게 아니라 멀어지는 거였어. 아이들이 어느 정도 자라서 이제 친구들을 만날 여유가 생겼는데 휴대전화 연락처를 훑어보니 연락할 친구가 남아 있지 않더라. 그게 많이 후회가 돼. 조지프 교수는 여자의 자아존중감은 타인과 일정한 관계를 유지할 수 있는 능력에서 나온다고 했어. 그러니까 시간이 남으면 친구들을 만날 게 아니라, 시간을 내서라도 친구들을 만나.

결혼식 전날, 잠이 오지 않아서 베개를 들고 엄마한테 갔었어. 엄마한테 "결혼하면 어떻게 살아야 할까?" 하고 물어보니 "스스로를 잘 챙기면서 살라"고 하시더라. "이제까진 엄마가 널 챙겼고, 넌 너만 생각하면 됐지만 결혼하면 다르다"라면서 말이야. 결혼해서 아내 노릇, 엄마 노릇을 하다보면 나를 뒷전으로 미루게 되는 일이 많을 거라고 하셨어. 그땐 엄마의 말이 무슨 뜻인지 잘 몰랐는데 결혼을 하고 살다보니 그 말이 가끔씩 생각나곤 해.

특히 여자들은 '역할' 중심의 사고를 하는 것 같아. 나에게 중요한 역할일수록 그런 경향은 더욱 강해져. 결혼을 하면 '좋은 아내', '좋은 며느리'가 되는 게 가장 큰 과제가 돼. 문제는 '좋은 아내', '좋은 며느리'가 되려고 자꾸 나를 우선순위에서 미루게 된다는 거야. 밥상을 차릴 때만 봐도 그래. 아이 둘의 엄마가 되니까 남편 밥, 아이들 밥을 담고 마지막에 내 밥을 담게 되더라. 네 식구 먹을 양을 계산해서 밥을 했으면서도 혹시나 모자랄까봐 남편이나 아이들의 밥을 충분히 담고 남은 밥을 내 밥그릇에 담는 거지.

누군가는 여자가 어렸을 때부터 희생과 양보를 미덕이라고 배워왔기 때문이라고도 하더라. 사실 결혼하기 전까지는 희생과 양보를 해야 할 일이 많지 않았어. 그런데 결혼을 하면 돌봐야 할 가족, 살림이 생겨. 그때부터 희생과 양보가 시작되는 것 같아. 남편 챙긴 다음에 나를 챙기고, 집안일을 다한 다음에 소파에 앉아 쉬는 거야. 그게 쌓이다보면 '결혼했더니 나만 손해구나'라는 생각으로 이어지지.

그러지 않았으면 해. 남편을 챙기는 만큼 나도 챙겨야 해. 집안일을 하는 시간만큼 내 여가도 확보해야 해. 누구도 너에게 손해를 강요하지 않아. 네가 너를 챙길 때 손해는 사라질 거야.

'틀리다'와 '다르다'를 구분하라

선영-현웅 씨의 첫 부부 싸움의 원인은 치약과 칫솔이었습니다.

두 사람은 신혼살림을 마련하며 예쁜 하트가 반씩 그려진 커플 칫솔을 샀습니다. 세면대 위에 나란히 올려둘 생각을 하면서요.

그리고 '진짜' 같이 살게 된 날. 아침밥을 먹고 현웅 씨가 먼저 양치질을 했습니다. 다음은 선영 씨 차례. 세면대 앞에 서니 현웅 씨가 방금 쓰고 나간 칫솔이 물을 잔뜩 머금고 있습니다. 덕분에 나란히 놓여 있는 선영 씨 칫솔까지 축축해진 느낌입니다. 게다가 치약은 중간이 꾹 눌려 있습니다. 선영 씨는 치약을 끝에서부터 다시 짜 양치를 한 뒤 현웅 씨의 칫솔과 선영 씨의 칫솔을 탁탁 털어 세면대 위에 올려놨습니다. 그리고 현웅 씨에게 얘기했습니다.

"다음부터 칫솔은 탁탁 털어서 올려두고 치약은 끝에서부터 짜서 써."

그런데 다음 날도, 그 다음 날도 현웅 씨의 칫솔은 축축했고, 치약은 중간이 꾹 눌려 있습니다. 선영 씨가 매번 이야기하지만 현웅 씨는 듣는 둥 마는 둥 건성입니다. 벌써 몇 번째 같은 말을 반복하는지, 선영 씨는 한숨만 납니다. '나랑 완전 딱 맞는' 짝이라고 생각했던 현웅 씨가 갈수록 '나랑 완전 안 맞는' 짝인 것 같아 속상합니다.

듀크대 기독교윤리학 스탠리 하우어워스 교수는 "누구나 부적절한 요소를 가진 상대와 혼인할 수밖에 없다는 사실을 제대로 인식해야 한다"라고 했습니다. 나에게 '딱 맞는 짝'은 애초에 없다는 말입니다. "아무도 결혼 상대를 속속들이 알 수 없으며 다만 그렇다고 생각할 뿐"이라면서요.

나 자신도 마음에 들지 않을 때가 숱한데 내 마음에 쏙 드는, 나와 딱 맞는 사람이 있다면 그게 더 놀라운 일일 겁니다. 나와 '딱 맞는 짝'이라고 믿고 결혼하는 것이죠. 예상과 달리 딱 맞는 짝이 아니라고 해도 '딱 맞는 짝'으로 만들어가겠다고 다짐하면서요. 그런데 딱 맞는 짝으로 만들려고 노력할수록 부부 사이에는 냉기만 흐르기 쉽습니다.

하우어워스 교수는 그 생각이 틀렸기 때문이라고 지적합니다. 상대를 고치는 것이 아닌 "더불어 살게 된 낯선 상대를 사랑하고 보살피는 법을 배워야 한다"라는 것이죠. 즉, '같이 사는 법'을 배우라는 겁니다.

상대를 고친다는 건 '내가 옳고 상대는 그르다'라는 전제에서 출발합니다. 선영 씨가 현웅 씨의 치약을 중간부터 짜는 습관을 고치고 싶었던 것은 치약은 끝에서부터 눌러쓰는 게 맞다고 생각하기 때문입니다. 그럼 중간부터 짜는 게 틀린 걸까요? 끝부터 짜서 쓰는 게 익숙하고 편할 뿐 '정답'은 아닙니다. 서로 습관이 다를 뿐입니다.

두 사람은 룰을 정했습니다. 서로의 행동이 못마땅할 때마다 내가 맞고 네가 틀리다가 아닌 서로 다른 것이라는 사실을 기억하기로 했습니다. 그리고 꼭 바꿔야 하는 것이 아니라면 있는 모습 그대로를 존중하기로 했습니다.

그럼에도 불구하고 바꾸는 게 낫겠다 싶은 습관이라면 어떻게 할지 상의하고 방법을 찾습니다. 치약을 절반 이상 쓰면 현웅 씨가 치약 짜개를 끼워두고, 칫솔은 칫솔 걸이를 마련해 나란히 세워두기로 했습니다. 이제 두 사람은 서로에게 변화를 바라지 않습니다. 서로를 존중하는 방법을 배워가고 있습니다.

점검하기

배우자의 못마땅한 행동이 있나요? 고쳤으면 하는 행동 다섯 가지를 적어보세요. 그리고 적은 내용을 다시 살펴보면서 상대방이 틀린 건지, 그냥 나와는 다른 건지 한 번 더 깊게 생각해 보세요.

1.
2.
3.
4.
5.

서로의 인생 계획을 공유하라

결혼 2년 차 민정 씨는 올해 대학원에 입학했습니다. 민정 씨가 졸업하면 뒤이어 남편 준오 씨가 대학원에 진학할 예정입니다.

두 사람은 서로의 '첫사랑'입니다. 대학에 들어가자마자 첫 미팅에서 만나 연인이 됐습니다. 그리고 만난 지 8년째 되던 날 준오 씨는 민정 씨에게 프러포즈를 했죠. 준오 씨는 민정 씨가 기쁘게 승낙하는 모습을 상상하며 반지를 내밀었습니다.

하지만 민정 씨는 그 반지를 받지 않았습니다. 결혼하기엔 아직 하고 싶은 일이 많다고 했습니다. 아내가 되고, 엄마가 되면 그동안 공부하고 직장에 다니며 키워온 꿈을 내려놔야 할 것 같아 두렵다고 했습니다. 사실 준오 씨도 마찬가지였습니다. 지금은 회사에 다니고 있지만 조금 더 공부한 후 자기 사업을 하고 싶은 욕심도 있습니다.

그래서 두 사람은 조금 다른 결혼 준비를 해 보기로 했습니다. 같이 살 집, 신혼살림을 준비하기 전에 서로 인생 계획부터 나눴습니다. 민정 씨는 심리상담사, 준오 씨는 창업이 꿈이었습니다. 꿈을 이루기 위해 두 사람 모두 대학원에 진학할 생각이었습니다.

결혼 후에도 서로의 꿈을 키워나가기로 했습니다. 경제적인 여건상 두 사람이 동시에 대학원에 다니는 것은 어렵지만 시기를 조절한다면 큰 무리는 아닙니다. 자녀 계획까지 고려했더니 아무래도 민정 씨가 먼저 공부를 마치고 임신을 하는 게 나을 것 같아 대학원에 입학했습니다. 민정 씨가 졸업하면 준오 씨가 공부하기로 했습니다.

요즘 민정 씨는 하루라도 빨리 졸업하기 위해 열심히 노력하고 있습니다. 준오 씨도 회사 일만으로도 힘들지만, 아내가 마음 편히 공부할 수 있게 집안일을 도맡고 있습니다. 민정 씨는 그런 준오 씨에게 항상 고맙고 미안합니다. 준오 씨가 공부할 때 더 열심히 도울 생각입니다. 그렇게 두 사람은 함께 성장하는 중입니다.

30대는 인생에서 가장 치열한 시기라고들 합니다. 취업을 하고 결혼도 하고 부모가 되지요. 부모가 될 즈음에는 직장에서도 승진하는 시기와 맞물리면서 더 바빠집니다. 그렇게 하루하루 열심히 지내다보면 정작 중요한 것을 놓칠 때가 많습니다. 일에 치이다보면 내가 왜 이 일을 하고 있는지, 어떤 삶을 살고 싶은지를 잊어버리기 쉽기 때문입니다.

그럴 때 부부는 서로의 '리마인더reminder'가 되어야 합니다. 결혼하기 전 내 아내가, 내 남편이 어떤 사람이었는지, 어떤 꿈을 가지고 있었는지, 무슨 일을 할 때 가장 반짝였는지 생생히 기억하고 있어야 합니다. 그리고 그 모습을 잃어갈 때 서로에게 상기시켜주는 겁니다.

인생 계획을 공유하면 서로에게 언제 어떤 도움이 필요한지 알 수 있습니다. 상황에 맞는 조언이나 격려를 할 수 있습니다. 따끔한 충고도 할 수 있고요. 경영학자인 클레이튼 크리스텐슨 하버드대 교수는 "배우자로서 해야 할 일을 올바로 하는 게 행복한 결혼 생활을 유지하는 결정적 비결"이라고 했습니다.

배우자로서 해야 할 일은 짐작으로 알 수 없습니다. 상대방을 배려하는 것을 넘어 상대방의 입장에 서서 상대방이 원하는 것을 이해할 때 알 수 있습니다. 그러려면 서로의 꿈을 공유하고, 그 꿈을 이룰 방법을 같이 찾아야 합니다. 서로가 노력하는 방향이 같을 때 힘이 더해집니다.

생각하기

서로의 꿈을 이야기해 보세요. 그리고 그 꿈을 이루기 위해서는 서로가 어떤 도움을 줄 수 있는지 생각한 후 적어보세요.	
아내의 꿈	남편의 꿈
남편의 도움	아내의 도움

그 남자는 왜 결혼을
'무덤'에 비유했을까?

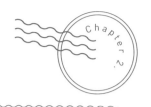

결혼으로 자유를 잃다?

네가 군대를 제대한 지 얼마 지나지 않았을 때, 책을 읽다가 결혼
을 섬뜩하게 묘사한 구절을 발견했다며 나한테 보여준 적이 있
어. 기억나니? SF소설《은하영웅전설》속 주인공 발터 폰 쉰코프
가 한 말이었지.

"기껏 군대라는 감옥에서 탈출했으면서 결혼이라는 다른 감
옥으로 지원해 들어가다니, 참 유별나시군요."

쉰코프의 말에 다른 등장인물은 이렇게 덧붙였어.

"독신 생활 10년 동안 깨닫지 못하는 것을 일주일의 결혼 생활로 깨닫는 법일세. 훌륭한 철학자가 탄생하기를 기대해 보자고."

군대에 갔다 오지 않은 내가 봐도 헉 소리가 나더라. 결혼이 감옥이라는 말은 자주 들었지만, 이렇게까지 표현한 걸 보니 뭔가 기분이 이상했어. 그런데 더 놀랐던 건 비슷한 '격언'이 많았다는 거야.

미국의 배우 겸 가수 에디 캔터는 "결혼식이란, 자신에게 바쳐진 조화의 꽃 냄새를 맡는 장례식이다"라고 했고, 철학자 임마누엘 칸트는 "결혼으로 여자는 자유를 얻고, 결혼으로 남자는 자유를 잃는다"라고 했어. 특이한 건 쇤코프도 캔터도 칸트도 남자라는 거야.

그리고 보면 '결혼은 인생의 무덤'이라는 말은 유독 남자들이 하는 것 같아. 남편에게 "당신도 그래?" 하고 물었지. 대답은 하지 않고 씩 웃기만 하더라.

'나'인 동시에 부부임을 인식하기

결혼한 남자 선배들의 얘기를 들어보면 결혼과 동시에 자유를 박탈당한 것 같다고들 해. 남편도 아침에 결혼반지를 끼며 "오늘도 세상에서 가장 작은 수갑을 낍니다"라고 할 때가 있어. 그러면 나는 "그래 내가 당신만의 교도관이다" 하고 받아치지.

그런데 어느 날은 정말 궁금한 거야. 남편에게 결혼반지가 진짜 '수갑' 같으냐고, 언제 가장 그렇느냐고 물었어. 남편은 잠시 생각하더니 나만의 시간이 그리울 때 그렇다고 하더라.

처음 연애를 하며 읽은 책이 《화성에서 온 남자 금성에서 온 여자》였어. 남자에 대해 통 모르겠더라고. 그래서 그 책을 읽으며 남자들은 동굴에 들어갈 때가 있다는 걸 알게 됐지. 주로 스트레스를 받을 때 자신만의 동굴에 들어가 내면으로 깊이 움츠러든다는 거야. 돌이켜보니 맞는 것 같더라. 그 사실을 안 뒤로는 남자친구가 동굴에 들어갈 때마다 조바심을 내지 않고 기다릴 수 있었어.

결혼한다고 해서 남자의 특성은 사라지지 않아. 동굴? 필요하면 들어가야지. 참다가 오히려 병이 날 수 있어. 결혼하면 행복한 순간도 많지만, 스트레스를 받는 순간도 많아지는 게 사실이거든. 동굴 속에서 보내는 혼자만의 시간이 더 간절해질 거야.

그런데 현실은 달라. 부부는 일심동체로 비가 오나 눈이 오나 바람이 부나 두 손 꼭 맞잡고 힘든 일도 기쁜 일도 함께해야 한다고들 해. 그러니 너로서는 동굴에 들어가기 조심스러울 수밖에. 그리고 아내는 어쩌면 동굴을 이해하지 못할지도 몰라.

그래서 대화가 필요해. 동굴에 들어가지 말라는 말이 아니야. 동굴에 들어가기 전에는 꼭 이야기하고 들어가. 이야기하기 힘들 땐 약간의 언질이라도 줘. 네가 혼자 쓱 동굴에 들어가면 동굴 밖에 있는 아내는 내내 걱정하거든.

그리고 동굴에 들어갔다 나오면 쌩한 얼굴을 다시 보여줘. 남편도 종종 동굴에 들어갈 때가 있어. '언제 나오지? 괜찮아지고 있나?' 하고 걱정이 되면서도 기다릴 수 있는 건 동굴에서 나올 때 남편이 웃고 있을 거라는 걸 알기 때문이야. 그러니 생각을 정리하고 스트레스를 툭툭 털어버리고 나와. 그거면 돼.

취미 생활을 하고 친구들을 만나는 것도 마찬가지야. 좋아하는 일도 계속하고 친구들도 만나. "당신은 왜 이렇게 바깥으로만 돌아?"라고 아내가 타박할 것 같다고? 그 말이 하루 24시간 같이 있자는 말은 아니야. 결혼 전보다는 조금 줄여달라는 거지. 부부가 된 이상 서로의 영역을 어느 정도는 내주는 것도 필요하다는 건 너도 알 거야. 하지만 그렇다고 술을 마시고 늦게 들어오라는 말은 아니야. 집에서 기다릴 상대방에 대한 최소한의 예의는 지켜야 하는 것도 알지?

가장 좋은 방법은 함께하는 거야. 기업 컨설팅업체 CEO인 오쓰카 히사시도 "결혼이 자신을 '사회화'하는 행위인 것은 자기 영역으로 상대를 불러들이기 때문"이라고 했어. 결혼은 나 혼자서 완결되던 세계를 배우자와 공유의 세계로 개방하는 것이라는 거야.

너의 세계로 아내를 초대해 봐. 그리고 새로운 '공유의 세계'를 찾아보는 거야. 아내와 같이 즐길 수 있는 취미를 찾는 거지. 우리 남편 취미가 게임인 거 알지? 그런데 너도 알다시피 난 결혼 전에는 게임을 한 번도 해 본 적이 없잖아. 게임이 취미인 남자들의 로망이 아내와 같이 게임하는 거라며? 하지만 아무리 해도 대전 액션 게임은 내 취향이 아니더라. 그래서 우리 부부도 절충점을 찾았지. 종종 보드게임을 같이 해.

처자식 먹여 살리기? 서로 먹여 살리는 시대

사실 남자들에게 결혼이 무덤이 되는 더 큰 이유는 '부양의 책임' 때문이 아닐까?

지난해 친한 남자 후배가 결혼했어. 청첩장을 받으며 "이제 더 열심히 살아야겠네"라고 했지. 아무래도 결혼하면 챙겨야 할 사람도 많아지고 집안일도 생기니 할 일이 늘어나고, 열심히 살게 되니까.

그래서 한 말이었는데 후배는 "야근에 특근까지 모두 나서서 하고 싶어요"라고 하더라. 신혼 재미를 즐길 시기에 무슨 말인지 이해가 가지 않았어. 내가 눈만 끔뻑대고 있으니 후배가 "결혼한 다고 대출도 잔뜩 받았고 먹여 살려야 하는 처자식도 생기니 열심히 벌어서 빚도 갚고 부양도 해야죠"라고 덧붙이더라.

결혼하면서 받은 대출은 남편 혼자가 아닌 부부가 같이 갚아나갈 몫이야. 예비신부도 직장이 있다고 했어. 그럼에도 불구하고 후배는 스스로를 한 집안의 가장, 경제적 책임을 모두 짊어져야 하는 존재로 생각하고 있었어. 그래서 이렇게 이야기했지.

"대출은 상의해서 받은 거니 같이 갚아나가고, 처는 혼자서도 밥벌이를 잘하고 있고, 자식은 처와 같이 먹여 살리면 되니 야근 에 특근까지 할 생각 마."

남편에게도 줄곧 하는 이야기야. 혼자 짊어지려고 하지 마. 혼 자 벌어서는 살기 힘든 세상이야. 아내들도 알아. 그러니 같이 벌 자고. 같이 벌어도 힘들겠지만, 그래도 혼자 짊어지는 것보단 낫지 않을까?

지난해 말에 실시된 설문조사를 보니 2, 30대 미혼 직장인 10명 중 9명은 '결혼 후에도 맞벌이를 원한다'라고 했더라. 57%는 '외벌이보다 맞벌이가 경제적으로 풍족할 것 같아서', 54%는 '부부 중 한 사람에게만 경제적 부담을 지게 하고 싶지 않아서'를 이유로 꼽았어. 경제적 이유로 맞벌이를 원하는 경우가 많다는 뜻이겠지. 실제로 맞벌이 부부의 비중도 늘고 있어. 그만큼 남자들의 '부양의 책임'은 줄었고 앞으로는 더 줄어들 거야. 하지만 후배를 비롯한 주변을 보다보니 남자들의 '부양의 책임감'은 그만큼까진 줄어들지 않은 것 같아.

이제는 새로운 책임감이 필요할 때

나도 임신했을 때 남편과 이야기를 나눈 적이 있어. 아이를 낳고도 일을 계속할 수 있을지 고민이라고 하니 남편이 아무래도 그만두는 게 낫지 않겠냐고 하더라. 나는 아이도 잘 키우면서 일을 계속할 방법을 찾고 있는데 남편은 방법을 찾아볼 생각도 하지 않는 것 같았어. 나랑 전혀 다른 생각을 하고 있는 남편이 그날따라 정말 '남의 편' 같았어.

동시에 그동안 남편의 행동들이 이해되더라. 남편은 우리를 '한시적 맞벌이' 부부로 생각했던 것 같아. 지금은 같이 벌지만 언제까지 같이 벌지 모르니 '부양의 책임감'을 내려놓을 수 없었던 거지. 내 수입은 우리 집 가계의 '+α'와 비슷했던 거야.

요즘 부부들의 현실이 그렇기도 해. 통계청이 지난해 말 발표한 '신혼부부통계' 결과를 보면 결혼하기 전 예비부부의 56.4%가 맞벌이였지만, 결혼 1년 차에는 맞벌이 비중이 46.5%로 줄어. 결혼 2년 차가 되면 42.8%로 더 줄어들지. 사실 당시만 해도 나 또한 '상황이 허락할 때까지는 일을 하자'라고 생각했었어. 남편이 본인은 '일은 평생 해야 한다'라고 생각했던 것과는 차이가 있지.

그런데 그래서 외벌이가 되는 것 같기도 해. 부부가 '어떻게 하면 평생 같이 일할 수 있을까?'라고 방법을 찾는 게 아니라 '할 수 있을 때까지만 해 보자'라고 생각하면 종착지가 다를 수밖에 없으니까.

평생 일을 같이하려면 맞벌이 생활을 안정시켜야 해. '처자식 먹여 살릴' 궁리보다는 '같이 오래 일할 수 있는' 가정 환경을 마련하기 위해 노력해야 하지. 아내와 같이 벌고, 같이 살림하고, 같이 아이를 키울 환경을 만들어야 한다는 말이야.

물론 너희 부부가 '여자=가정, 남자=일'로 역할을 나누기로 했다면 그것도 좋아. 반대로 '여자=일, 남자=가정'으로 역할을 나누는 것도 환영이야. 부부가 무조건 맞벌이를 해야 한다는 게 아니야. 내가 말하고 싶은 건 부부가 어떤 삶을 원하는지 이야기를 나누지 않고 고정관념을 그대로 받아들이는 걸 경계하자는 거야. 같이 일을 하겠다고 마음먹었으면 '할 수 있을 때까지만 해 보자'가 아니라 '평생 같이 일할 수 있는' 방식으로 삶을 설계하면 돼.

통계청이 발표한 '일·가정 양립 지표'를 보면 '가사 분담을 공평하게 해야 한다'는 응답은 54%였던 반면 실제 남편들의 18%만이 아내와 공평하게 가사를 분담하고 있더라. 생각과 실제가 다른 거지. 이 상황에서는 여자들이 일을 하면서도 독박살림과 독박육아를 하게 돼. 결국 사표를 쓸 수밖에 없는 상황으로 내몰리는 거야. 그렇게 사표를 낸 아내는 행복할까? 그렇게 '부양의 책임'을 홀로 감당하게 된 남편은 행복할까?

한 가정을 꾸리는 데 필요한 모든 일을 너와 아내의 '공동 책임'으로 두고 책임감도 고루 느끼렴. 가계도 살림도 육아도 부부 모두가 주 책임자일 때 결혼이 무덤으로 느껴지지 않을 거야.

'대리 효도'보다 강력한 '셀프 효도'

한 결혼정보업체에서 기혼남녀를 대상으로 '결혼 후 가장 많이 변하는 배우자의 행동'에 대해 설문한 적이 있어. 기혼여성 58%가 '남자들은 아내를 통해 부모에게 효도하려고 한다'를 꼽았어.

남자들은 결혼을 하면 갑자기 효자가 된다고들 하잖아. 결혼을 하고 내 가정을 꾸리면 부모님이 새삼 감사하게 느껴져서 부모님께 잘 해야겠다는 생각이 드는 것은 당연해.

그런데 그런 마음이 들었다면 네가 직접 부모님께 표현해. 그 효도를 아내에게 강요하지 말라는 거야. "안부인사 드렸냐?", "어머니 감기는 괜찮으시냐?"를 아내에게 묻지 말고 네가 전화를 드려. 평소에 안 하던 거 하려니 민망하기도 하고 많이 부끄럽지?

그래도 진짜 효도를 하고 싶으면 아내를 '좋은 며느리'로 만들려하지 말고 네가 '좋은 아들'이 되는 게 먼저야. 부모님 입장에서 생각해 봐. 아들 전화가 반갑겠어, 며느리 전화가 반갑겠어?

친한 언니를 만난 날이었어. 전화가 왔는데 언니가 화들짝 놀라는 거야. 힐끗 봤더니 발신자는 언니의 시어머니였어. 이마를 찌푸리고 통화하는 언니를 보면서 '고부 관계가 힘들다는 얘기는 한 적 없는데…'라며 속으로 걱정했어. 전화를 끊자마자 무슨 일 있느냐고 물었어. 시할머니가 병원에 입원해 계시는데 위험한 고비를 넘기셨다고 하더라. 다행이었어.

그래서 전화가 오자마자 놀란 거였구나 싶었는데 언니가 시어머니 전화는 늘 두렵다고 하는 거야. 결혼한 지 10년이 되어 가는데 그동안 시어머니와 일 년에 3, 4번 정도 통화를 했대. 비결은 남편. 시어머니와 언니 사이에 항상 형부가 있었대. 시댁 일에 관해 일차적으로 소식을 듣는 건 형부이고 행사가 있어서 일정을 조율할 때도 형부가 연락책이라고 해.

이날 시어머니는 형부가 전화를 받지 않자 언니에게 전화를 하신 거였어. '일차 전화'는 대부분 형부가 받기 때문에 시어머니는 아주 급한 일이거나 꼭 직접 알려야 하는 일일 때만 언니에게 전화를 하신대. 그러니 언닌 시어머니 전화가 올 때마다 '무슨 일 있나?' 하고 긴장이 된다더라.

부럽기도 했지만 지나치게 '쿨'한 거 아닌가 생각했던 것도 사실이야. 그런데 그렇다고 시댁 식구들과 서먹한 것도 아니래. 만날 땐 다 같이 모여 즐겁게 식사하고 얘기를 나누다 헤어지고,

평소엔 서로 잘 지내고 있겠지 생각한다더라. 시부모님도 '서로 각자의 위치에서 잘 사는 게 효도'라고 하신대.

심리학자 토니 험프리스는 "사랑과 자비는 집안에서 시작된 다"라고 했어. 자기 자신, 배우자, 아이들, 부모, 형제자매 순서로 사랑이 번져나간다는 거야. 그는 "부부 관계가 불안한 상황에서 어느 한쪽 배우자가 다른 사람에게 친절을 베풀면 상대방은 그런 행동을 위협으로 받아들이고 갈등으로 이어진다"라고 말했어. 그 러니 부부 '밖'에서 베푸는 사랑과 부부 '안'에서 베푸는 사랑은 균형이 맞아야 한다는 거야.

게다가 신혼 시절에는 부부 '안'의 사랑이 더 중요해. 험프리 스는 "어떤 부부든 결혼을 하고 나서 서로 차이를 좁혀나가는 과 정에서 심한 갈등을 겪기 때문에 남녀가 결혼해서 같이 살기 시 작할 때는 최소 2년간은 가능한 한 모든 배려를 해 줘야 한다"라 고 했어. 부모님께 어떻게 효도할까를 고민하기에 앞서 부부로 합을 맞추는 게 먼저라는 거야.

진짜 효도를 하고 싶다면 효도보다 너희 둘이 행복하게 사는 모습을 보여드리는 게 우선이야. 그러니 네 아내가 너의 부모님 께 하길 바라는 것들을 네가 먼저 해 봐. '대리 효도' 말고 '셀프 효도'를 하자는 말이야. 네가 부모님께 잘하는 모습을 보이면 아 내도 자연스럽게 잘할 거야. 내가 사랑하는 사람에게 소중한 사 람은 나에게도 소중하니까.

서로의 일상을 궁금해하라

결혼 2년 차인 세미 씨는 점심식사를 마치면 남편 광영 씨에게 문자메시지를 보냅니다. "점심으로 뭐 먹었어?" 저녁 메뉴를 정하는 데 참고하려고 묻는 거지만, 이 문자를 시작으로 짧은 대화를 주고받습니다.

"된장찌개. 당신은?" "난 그냥 커피. 일이 잘 안 풀려서 카페에 앉아 멍 때렸어." "안 좋은 일 있는 건 아니고?" "아냐. 밤에 이야기해 줄게." "알았어. 간식이라도 챙겨 먹어."

광영-세미 씨 부부는 연애시절 유명한 '랜선 커플'이었습니다. 광영 씨가 지방 지사로 발령을 받아 3년을 떨어져 지냈거든요. 주말마다 한 주는 광영 씨가 서울로 올라오고, 한 주는 세미 씨가 지방으로 내려가며 데이트를 했습니다. 대신 평일에는 전화통화를 자주 했죠. 자기 전 침대에 누워 30분에서 1시간 동안 통화를 하는 게 두 사람의 일과였습니다.

두 사람은 광영 씨의 지방 근무가 끝나자마자 결혼을 서둘렀습니다. 더 이상 떨어져 있기 싫었기 때문입니다. 그런데 막상 결혼을 하고 보니 같이 있는 시간은 늘었는데 오히려 이야기를 나누는 시간은 줄어든 느낌입니다.

세미-광영 씨 부부만의 얘기가 아닙니다. 인구보건복지협회의 조사에 따르면 우리나라 기혼자 10명 중 4명은 배우자와 이야기하는 시간이 하루 30분 이하였습니다. 심지어 10명 중 1명은 하루 10분도 배우자와 이야기를 나누지 않았습니다. 대화가 부족한 가장 큰 이유는 늦은 귀가와 주말 근무(30%). 그러다보니 결혼해서 오히려 외로워졌다는 부부들이 적지 않습니다.

전문가들은 대화 시간을 확보하라고 조언합니다. 동시에 '대화의 질'에도 집중하라고 조언합니다. 대화가 부족한 것도 문제지만 대화에 불만족하는 것이 더 큰 문제라는 겁니다. 구현정 상명대학교 한국어문학과 교수의 연구에 따르면 부부들은 주로 밥을 먹으면서(34%), 수시로(30%), TV를 보면서(20%), 잠들기 전(13%) 등에 대화를 나누는데요. 상황에 따라 만족도는 달랐습니다. 수시로 나눈 대화와 잠들기 전에 나눈 대화의 만족도가 높았고 밥을 먹으면서, TV를 보면서 나눈 대화의 만족도는 낮았습니다. 대화에 집중할 때 만족도가 높고 다른 일과 병행하며 나눈 대화는 만족도는 낮은 겁니다.

그래서 세미-광영 씨처럼 일과 중에도 수시로 메시지를 주고받는 게 도움이 됩니다. 한 연구에 따르면 부부의 관계 개선에 가장 효과적이었던 말 1위는 "잘 잤어?"라는 아침인사였습니다. 평범하고 일상적인 대화가 가장 큰 힘을 가진 것이죠.

세미 씨는 "낮 동안 남편과 메시지를 주고받으면 퇴근 후에도 남편과 '수다'를 이어가기도 수월하다"라고 말합니다. 자주 만나는 친구와 할 말이 더 많은 것과 비슷합니다. 가끔 만나는 친구는 반갑기는 하지만 서로의 근황을 모르다보니 이야기를 하려면 전후 사정을 모두 설명해야 합니다. 그러다보면 쉽게 입이 열리지 않습니다. 자주 만나는 친구는 중간만 뚝 떼어 얘기해도 알아듣습니다. 가볍게 이야기를 시작할 수 있습니다. 한 시간 통화를 하고도 "내일 만나서 이야기하자"라며 전화를 끊게 됩니다.

부부도 마찬가지입니다. 짧게라도 이야기를 나눠야 또 이야깃거리가 생깁니다. 부부간 대화도 '티끌 모아 태산'입니다.

실천하기

아침에 일어나면 배우자에게 먼저 따뜻한 목소리로 "잘 잤어?"라고 말을 걸어보세요. 매일 실천하면 좀 더 행복한 아침을 시작할 수 있답니다.

월	화	수	목	금	토	일

* 매일 실천 후 체크해 보세요.

우리 부부만의 '금지어' 만들기

올해 결혼을 앞둔 성희 씨는 예비신랑인 석민 씨와 '글쎄'라는 말을 쓰지 않기로 했습니다. 석민 씨는 말수가 적은 편인데, 그 말수 적은 석민 씨가 자주 쓰는 단어 중 하나가 '글쎄'랍니다. 주말데이트를 앞두고 "오빠, 우리 이 영화 보러 갈까?"라고 물어도 "글쎄", 새벽부터 도시락을 싸서 소풍을 가 입에 쏙 넣어주며 "어때?"라고 물어도 "글쎄"라고 답합니다. 그럴 때마다 성희 씨의 머릿속은 '이 영화가 싫은가?', '맛이 없나?' 복잡해집니다. 하루는 참다못해 물었답니다.

"그러니까 좋다는 거야, 싫다는 거야?"

예상한 대로 석민 씨의 대답은 또 "글쎄"입니다. 한참 생각하더니 "좋지도 않고 싫지도 않다는 거야"라고 덧붙입니다. '글쎄'는 일종의 습관이었던 겁니다.

석민 씨가 주로 이래도 저래도 상관이 없을 때 '글쎄'라고 말하는 반면 성희 씨는 '나는 별로인데 네가 꼭 원한다면'의 마음일 때 '글쎄'라고 합니다. 그러니 석민 씨의 '글쎄'는 성희 씨에겐 매번 부정적으로 들렸죠. 오해는 싸움으로 이어지곤 했습니다.

결혼 준비는 선택의 연속입니다. "어때?", "글쎄"가 하루에도 수십 번 오가니 두 사람의 다툼도 잦아졌습니다. 그래서 두 사람은 이참에 습관을 바꾸는 중이라고 했습니다. 석민 씨는 이제 둘 중 뭘 해도 상관없을 땐 "그럴까?"라고 말합니다. "글쎄"와 뜻은 크게 다르지 않지만, 듣는 입장에서는 긍정적인 반응이어서 대화를 이어가기 편합니다. 단어 하나 가지고 예민하게 군다고요? 아닙니다. 단어가 대화의 분위기를 결정합니다. "글쎄" 대신 "그럴까?"라고 말한 뒤 성희-석민 씨의 다툼은 줄었습니다.

'아' 다르고 '어' 다르다고 합니다. 두 사람은 "글쎄"를 쓰지 않기로 하면서 이 말을 절감했다고 합니다. 결혼하면 더 그렇습니다. 특히 의견이 다를 때요. 결혼을 하면 이 사람만은 어떤 순간에도 '내 편'이길 바랍니다. 집밖에서는 누군가 내 의견에 반박해도 '그럴 수 있지'라고 생각하지만 집안에서는 그러기 쉽지 않습니다. '내 사람'에게 부정당하고 싶지 않기 때문입니다. 그래서 부부의 말하는 방식은 더욱 중요합니다.

직장에서 회의를 하다보면 상대방이 이야기하는 도중 뚝 끊고 "그게 아니지. 왜냐면~" 식의 'No, because 화법'을 구사할 때가 있습니다. 공격적이긴 하지만 짧은 시간에 열띤 회의를 끌어낼 수 있습니다. 집에서는 피해야 하는 화법입니다. 배우자의 말을 뚝 자르면 엉뚱한 부부 싸움만 일으킵니다. 부부 사이에는 결론 도출보다는 서로를 이해하는 것이 더 우선이니까요.

상대방의 의견에 반박하고 싶더라도 일단 끝까지 듣고 "당신 말도 맞아"라고 의견을 존중한 뒤 "그런데 이렇게 생각할 수도 있어"라며 내 생각을 말하는 것이 좋습니다. 이른바 'yes-but 화법'

으로 이야기할 때 상대방의 의견을 존중하며 내 의견을 전할 수 있습니다.

부부 싸움에도 '좋은 싸움'과 '나쁜 싸움'이 있습니다. 싸움을 통해 서로를 이해하고 사랑이 깊어진다면 '좋은 싸움', 단순히 감정 소비로 끝나면 '나쁜 싸움'입니다. 결론은 다르지만 모든 싸움의 발단은 같습니다. 좋은 싸움으로 이끌고 싶다면 우선 서로의 의견을 무시하지 않아야 합니다. 상대방이 나를 무시한다고 느낄 때 부부 싸움은 감정 싸움으로 번집니다.

점검하기

아래의 '부부 사이에 독이 되는 말'을 보며 싸울 때 말실수를 하고 있지는 않은지 점검해 보세요.

1. 공격하지 않기
   예) 왜 매일 실수해? 넌 항상 그렇지?

2. 남들과 비교하지 않기
   예) 누구는 안 그러던데? 넌 왜 그러냐?

3. 회피하지 않기
   예) 됐어, 그만하자. 됐다고.

4. 상처가 되는 말하지 않기
   예) 진짜 실망이다.

5. 대충 사과하지 않기
   예) 알았어, 미안해. 다 내 잘못이다.

6. 방어하지 않기
   예) 내가 뭘 그렇게 잘못했는데?

부부도
진화가 필요하다

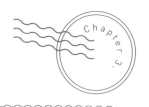

Chapter 3

결혼을 앞둔 동생부부에게

그 후 그들은 정말 행복했을까?

어린 시절 읽은 동화 기억나? 마지막 문장은 대부분 비슷했잖아.
'그 후 그들은 행복하게 살았습니다.'

어렸을 땐 '우와' 하고 감탄사와 함께 손뼉을 치며 책장을 덮
었지만, 자라면서 궁금해졌어. 그들은 정말 행복하게 살았을까?
그리고 이 질문의 답은 결혼이 다가올수록 더욱 궁금해지더라.

자료부터 찾아봤어. 미국 전통가치연구소 결혼가족센터의 연
구에 따르면 1970년대 이후 부부의 결혼 만족도는 지속적으로
감소하고 있어. 동시에 이혼율은 증가해. 우리나라만 해도 70년

대 0.4에 불과하던 조이혼율(인구 1,000명당 이혼건수)은 2016년에 2.1였어. 5배나 뛰었지.

2010년에 기혼남녀를 대상으로 '다시 결혼하면 지금의 배우자와 결혼하겠는가?'를 묻는 설문조사를 한 적이 있었어. '아니요'라고 답한 사람이 59%를 차지했지. 절반 이상이 지금의 배우자에 만족하지 못하고 있다는 거야. 상황이 이렇다보니 주위를 슬쩍 둘러봐도 결혼이 두렵다며 비혼을 선택한 후배들을 어렵지 않게 찾아볼 수 있어. 나만 해도 겁에 질려 가급적 결혼을 미룬 게 사실이야.

반면 '결혼을 하니 새로운 세상이 열렸다'라고 말하는 부부들도 많아. 내가 스물다섯이었을 때, 어떤 선배가 나를 볼 때마다 "어서 결혼해. 결혼하면 새 세상이 열려"라고 하는 거야. 아직 결혼 생각이 없다는 데도 자꾸 강조하길래 "결혼하면 뭐가 그렇게 행복하냐?"라고 물었었어. 한 치의 망설임도 없이 답하더라. "이제 진짜 내가 된 것 같아"라고.

이쯤 되니 더 헷갈리는 거야. 그러니까 결혼을 하면 행복해진다는 건지, 불행해진다는 건지 아리송하더라고. 이 질문에 대해 노스웨스턴대학 사회심리학자 엘리 핀켈 교수는 '둘 다'라고 주장해. 그는 오늘날의 결혼은 '모 아니면 도all-or-nothing'라고 했어.

핀켈 교수가 과거 연구들을 종합했더니 평균적인 결혼만족도는 과거보다 나빠진 것이 사실이었어. 하지만 반대로 결혼에 만족하는 사람들은 그 어느 때보다 완전한 행복을 누리고 있었다고 해. 한마디로 결혼 만족도가 양극단으로 갈리고 있다는 거야.

결혼의 성장곡선을 타라

드라마를 보다보면 꼭 이런 장면이 나와.

"이렇게 살려고 내가 당신하고 결혼한 줄 알아?"

"내가 뭘 그렇게 잘못했는데? 밥을 굶겼어, 한눈을 팔았어?"

"밥 먹으려고 결혼한 거 아니잖아!"

따지고 보면 양쪽 다 틀린 말은 아니야. 누구 잘못이라기보다는 서로의 기대치가 달라서 부부 싸움을 하게 되는 것 같아.

우리 부모님 세대만 해도 손도 한 번 잡아보지 않은 사람이랑 부모가 정해줬다는 이유로 결혼하는 경우가 적지 않았어. 우리 엄마 아빠만 해도 선본 다음날 결혼식장을 알아보러 다녔다잖아. 그 시절 결혼 상대의 조건은 밥을 굶기지 않을 남자, 내 아이를 잘 키워줄 여자였으니 그렇게 결혼해도 큰 불만 없이 살 수 있었어.

요즘은 어디 그런가? 평생 사랑을 주고받으며 서로를 존중해줄 '인생의 동반자'를 찾지. 1997년 개봉한 영화 〈이보다 더 좋을 순 없다〉 봤어? 주인공인 멜빈 유달이 캐럴 코넬리에게 프러포즈 하며 이렇게 읊조리잖아.

"당신은 내가 더 좋은 남자가 되고 싶게 만들어요."

이 대사가 딱 우리 세대가 바라는 결혼인 것 같아. 결혼을 통해 스스로가 성장하길 바라지.

뭘 그렇게 많이 바라느냐고? 꼭 그렇진 않아. 생각해 봐. 결혼을 하지 않아도 각자 밥벌이는 할 수 있는 세상이야. 사랑? 연애만 해도 충분하지. '결혼은 해야 하는 것'이라는 과거의 명제에

'왜?' 라는 의문이 생길 수 있어. 더 이상 결혼은 통과의례가 아니야. 이런 상황에도 불구하고 결혼을 한다면 안정이나 사랑은 기본이고 그 이상의 것을 바라는 게 당연해.

존스 홉킨스대 사회학과 앤드류 셜린 교수는 결혼은 시대의 흐름에 따라 3단계로 변했다고 주장했어. 가족 부양이 목적이던 '제도적 결혼'에서 출발해 사랑을 주고받기 위한 '우애적 결혼'을 거쳐 오늘날에는 '자기 표현적 결혼'까지 왔다는 거야. '자기 표현적 결혼'에서는 남녀 모두 '자아실현의 욕구'를 충족시키고자 해. 결혼은 그만큼 진화하고 있어.

결혼이 진화한다는 건 달리 말해 결혼에 대한 기대치가 높아진다는 말이기도 해. 여기서 문제가 시작되는 것 같아. 기대가 크면 실망도 크지. 요즘 부부들은 결혼에 대한 기대가 크니 실망도 큰 거야. 과거보다 결혼 만족도가 낮아질 수밖에 없어. 어르신들이 '요즘 부부들은 다 가지고도 사네 못사네 한다'며 혀를 차지만 다 가졌다고 행복한 건 아니잖아.

기대치를 낮추면 행복해진다는 사람도 있어. 맞는 말이야. 하지만 노력도 하기 전에 기대치부터 낮추는 건 좀 우울하지 않아? 그것보다는 "결혼하니 너무 행복해요"라고 말하는 부부들의 비결을 찾아보는 건 어떨까? 안정과 사랑을 넘어 결혼을 통해 성장한 부부들에게서 배워보자는 거야. 자세히 살펴보니 이들 부부에게는 공통점이 하나 있거든. 결혼이 진화하는 만큼 부부도 진화한다는 거야.

전통적 부부 vs 과도적 부부 vs 평등적 부부

미국의 사회학자 알리 러셀 혹실드는 1989년 당시 맞벌이 부부들을 심층 인터뷰해서 《돈 잘 버는 여자 밥 잘하는 남자》라는 책을 냈어. 그는 이 책을 통해 맞벌이 부부들 사이에 '전통적, 과도적, 평등적이라는 세 가지 형태의 결혼 이데올로기가 존재한다'라고 밝혔어. 일반적으로 맞벌이 부부는 남녀 역할의 구분 없이 평등할 것으로 기대하잖아. 그런데 깊숙이 들여다보니 그렇지도 않았다는 거야.

하나하나 이야기해 볼까? 먼저 전통적 이데올로기부터.

전통적인 이데올로기를 가진 여성은 가정에서의 역할에 충실해. 직업을 가지기도 하지만 직장인보다는 아내이자 엄마로서의 역할에 자신을 동일시하지. 일을 해도 남편보다 돈을 더 많이 벌기를 바라지는 않아. 전통적인 이데올로기를 가진 남성은 직장과 자신을 동일시해. 집안일이나 육아가 내 일이라고 생각하지 않아. 즉, 전통적인 이데올로기를 가진 부부는 남편과 아내, 아빠와 엄마의 역할이 엄연히 다르다고 여겨.

반면 평등적 이데올로기를 가진 여성은 남편이 하는 일과 자신이 하는 일을 똑같이 여겨. '이건 남자가 할 일이지', '여자니까 내가 할게' 등 성 역할에 따른 고정관념이 없어. 결혼 생활에서도 평등한 힘을 갖기를 바라지. 평등적 이데올로기를 가진 남성 또한 마찬가지야. 이들 부부는 말 그대로 평등하게, 같이 벌고 같이 살림하고 같이 아이를 키워.

전통적 이데올로기의 부부는 외벌이를, 평등적 이데올로기의 부부는 맞벌이를 택하는 경우가 많을 것 같지? 꼭 그렇진 않아. 주변을 살펴보면 현실의 부부들은 과도적 이데올로기를 가진 경우가 대부분인 것 같아.

혹실드는 "과도주의 여자는 전통주의 여자와는 달리 자신을 집안일과 동일시하는 것은 물론 직장에서의 역할과도 동일시한다"라고 말했어. 얼핏 생각하면 평등주의 같지만 평등주의와는 달라. 과도주의 여자는 여전히 아내보다는 남편이 직장에 더 힘써야 한다고 생각하거든. 일도 하고 아이도 키우지만, 일을 한다는 이유로 남편의 사회생활에 지장을 주면 안 된다고 생각해. 가급적 남편에게 집안일이나 육아를 맡기지 않지. 같이 직장 생활을 해도 아이에게 무슨 일이 생기면 엄마가 달려가는 게 당연하다고 여겨.

과도주의 남자는 여자가 자기 일을 가져도 좋다고 생각해. 평등주의의 '여자도 일을 해야 한다'와는 거리가 있어. '굳이 그럴 필요는 없지만 당신이 원한다면, 일을 해도 좋다'라는 일종의 '허락'이거든. 겉으로 말을 하진 않지만 마음속으로는 이렇게 생각해. '일을 하는 것까지는 좋지만 살림과 육아의 주 책임자는 여자이니 소홀히 하지 말라'라고. 집안일을 안 하는 건 아니야. 집안일을 나누고 좋은 아빠가 되고 싶어 해. 하지만 능동적으로 나서지는 않지. '동등한 파트너'로서의 역할이라기보다는 '아내를 돕는 것'이지.

어때? 30년 전 주장이지만 지금 우리의 모습과 너무도 흡사

하지 않아? 얼마 전 만난 임신한 후배는 "아이 낳아도 일을 계속 해야죠. 남편이 도와줄 수 있으면 좋을 텐데 남편이 워낙 바빠서 큰 기대를 안 해요. 제가 다 해야죠, 뭐"라며 씁쓸하게 웃었어. 맞벌이를 하는 남자 후배는 매일 야근을 하며 "저도 마음은 일찍 퇴근해서 아이도 돌보고 같이 시간을 보내고 싶죠. 그런데 일찍 퇴근하다 찍히면 다음 인사이동에서 어떻게 될지 뻔하잖아요. 아내가 언제 그만둘지 모르니 제가 직장에서 더 열심히 해야죠"라고 했어. 안타깝지만, 요즘 부부들의 현실이야.

과도적 부부를 벗어나 평등적 부부로!

과도적 부부는 말 그대로 과도적 상황에 놓여 있어. 외벌이 부모를 보고 자라 맞벌이 부부가 되고자 하는 우리 세대의 부부들이 그래. 통계청 자료에 따르면 30년 전 우리나라 맞벌이 가구 비중은 27.4%(1990년 기준)였어. 해마다 증가해 2016년 하반기에는 부부 두 쌍 중 한 쌍(44.9%)이 맞벌이 부부였지. 요즘 20대들은 10명 중 9명이 결혼을 한 뒤에도 맞벌이를 하겠다고 답했으니 맞벌이의 비중은 더 높아질 거야. 보고 배운 건 전통적 이데올로기인데 마음은 평등적 이데올로기를 추구하고 있으니 두 이데올로기가 섞이고 충돌하는 상황은 당분간 계속될 거야.

문제는 과도적 상황에서 여자는 슈퍼우먼, 남자는 슈퍼맨이 된다는 거야. 앞서 혹실드가 "과도주의 여자는 자신을 집안일과 동일시하는 것은 물론 직장에서의 역할과도 동일시한다"라고 했잖아. 그건 아내로서의 역할을 그대로 수행하는 동시에 직장인으로서의 역할도 그대로 수행한다는 뜻이야. 두 명의 역할을 담당하는 거지. 남자라고 다르지 않아. 직장에서의 초과 근무는 여전한데 이제는 퇴근해서도 집안일에 육아까지 해야 해. 엄청난 초과 근무가 되는 거야.

그러다보니 과도적 부부는 전통적·평등적 부부보다 더 힘이 들 수밖에 없어. 전통적 부부가 일과 가정을 분리해 각각 1인분씩의 역할을 담당했다면 평등적 부부는 일, 가정이라는 역할 구분 없이 1인분씩을 담당해. 반면 과도적 부부는 각자 두 역할을 모두 끌어안다보니 남편도 일 1인분에 가정 1인분, 아내도 가정 1인분에 일 1인분, 그렇게 2인분씩의 역할을 담당하거든. 그러니 슈퍼우먼, 슈퍼맨이 됐어도 영화에서처럼 울트라 초특급 파워를 발사하기는커녕 둘 다 지쳐서 나가떨어지는 거야.

이 상황을 벗어나려면 어떻게 해야 할까? 과도적 부부를 벗어나 평등적 부부가 되어야 해.

나는 아이가 둘이잖아. 육아휴직도 두 번 했어. 첫 번째 육아휴직 후 복직했을 때, 우리 부부는 과도적 부부였어. 복직을 하며 '집에 일찍 오는 사람이 아이들 돌보기'라는 원칙을 세웠지만, 매번 집에 일찍 도착하는 사람은 나였어. 남편과 내 야근이 겹칠 땐 당연하다는 듯 내가 야근을 포기했지. 나는 매번 눈치를 보며 칼퇴근을 해도 남편에게 칼퇴근을 하라고 말하진 않았어. 임신과 출산, 육아로 회사에서의 내 입지가 얼마나 흔들렸는지 누구보다 잘 알고 있기 때문에 차마 남편에게도 같은 부담을 줄 수 없더라. 만에 하나 회사를 그만두게 되더라도 남편 연봉보다 내 연봉이 적으니 내가 그만두는 게 낫다고 생각하기도 했지. 남편 생각도 비슷했어. 당시 우리 집은 경제적 측면에서만 맞벌이 부부였을 뿐 살림이나 육아는 외살림, 외돌봄에서 크게 벗어나지 못했어.

두 번째 육아휴직 후 복직은 달랐어. '맞벌이, 맞살림, 맞돌봄'을 하기로 했어. 남편도 가급적 정시에 퇴근해 육아와 살림에 적극적으로 나섰어. 어린이집 행사가 있으면 당연히 내가 휴가를 내는 것이 아니라, 남편과 나 둘 중 누가 휴가를 낼지 상의해서 정했지. 페미니스트이자 사회심리학자인 베티 프리단이 이런 말을 한 적이 있어. "일과 가정을 결합하는 것은 전혀 어렵지 않은 일이다. 한 여자의 일생을 고려한 새로운 인생 계획이 필요할 뿐이다." 첫 번째 복직을 하면서는 내가 '워킹맘'이 되었다면, 두 번째 복직을 하면서는 우리 가족이 '맞벌이 가족'으로 변한 것 같아.

같이 벌고, 같이 집안일을 하고, 같이 아이를 키우기 시작하니 일상이 달라졌어. 남편은 집안일과 육아를 함께하며 워킹맘인 나를, 나는 사회생활을 하며 워킹대디인 남편을 이해하게 됐어. 더 이상 "내가 더 힘드네, 네가 더 힘드네" 하고 싸울 일이 없더라. 역할을 공유하니 "너도 힘들고 나도 힘들다"라는 결론이 나더라고. "우리 같이 힘을 합쳐 해 보자" 하고 서로를 토닥이게 됐지. 이게 다 평등적 부부가 된 덕분이야.

그리고 평등적 부부가 되니 알겠어. 가사를 분담하고 아이를 같이 키우는 것은 단순히 역할을 공유하는 게 아니었어. 서로를 이해하고 서로의 꿈을 공유하고 서로를 존중하고 사랑하는 거였어. 그래서 그런가봐. 부부 관계가 평등할 때 결혼 만족도가 높다는 사실이 여러 연구를 통해서도 입증됐더라고. 연구들에 따르면 남편이 가사분담에 적극적일수록 아내의 우울증과 결혼 생활에서 오는 갈등이 줄어들고 만족은 커져. 남편이 육아에 참여하면 인내심과 공감, 적응력이 발달해 부부 관계에서도 도움이 된다고 해.

평등은 '5대5'가 아니다

이 얘기를 했더니 어떤 후배가 "우리 부부도 평등하게 살기로 했어요. 뭐든 똑같이 나눌 거예요"라고 하더라. 오해 아닌 오해였어. 똑같이 나누는 것과 평등한 것은 다른데 많은 사람이 착각을 하는 것 같아. 사실 나도 그랬어. 둘째가 태어났을 때 비슷한 실수를 했었어.

아이가 둘이라고 하면 어떤 질문을 가장 많이 받는 줄 알아? "솔직히 누가 더 예뻐요?"라는 질문이야. 질문에 이렇게 답하지. "첫째는 첫째라서 예쁘고, 둘째는 둘째라서 예뻐요." 그러면 보통 "누구한테 더 미안해요?"라는 질문이 이어질 때가 많아. 답은 마찬가지야. "첫째는 첫째라서 미안하고, 둘째는 둘째라서 미안해요."

아이 둘을 키우는 부모는 대부분 비슷할 거야. 첫째는 듬직해서 예쁘고, 둘째는 뭘 해도 아기 같아서 예뻐. 첫째는 동생이 태어나고 나서 예전만큼 집중해 주지 못해 미안하고, 둘째는 늦게 태어났다는 이유로 엄마, 아빠의 사랑을 독차지한 적이 없어서 미안해. 다만 둘째가 더 어리기 때문에 마음이 더 쓰이지. 그래서 의식적으로 첫째에게 마음을 더 쓰려고 노력해. 평등하게 대하려고 해.

처음엔 똑같이 나누는 게 평등한 거라고 생각했어. 첫째에게 과자 한 봉지를 주면 둘째에게도 과자 한 봉지를 줬고, 첫째 옷을 한 벌 사면 둘째 옷도 한 벌 사줬어. 장난감을 두 개 살 여유가 없을 땐 둘 다 사주지 않았지. 그런데 어느 날 첫째가 묻는 거야. "엄마, 내가 키도 이만큼 더 큰데 왜 동생이랑 과자를 똑같이 줘? 나는 옷이 작아서 사는 건데 동생도 옷이 작아?"

아차 싶더라. 그리고 아동심리학자 아델 페이버의 말이 생각났어. 페이버가 "자녀들을 똑같이 대우하면 오히려 불공평해진다"라고 한 적이 있거든. 그는 한 젊은 아내가 남편에게 "당신은 당신 어머니와 나 중 누굴 더 사랑해요?"라고 물었을 때 남편이 둘 다 똑같이 사랑한다고 말하는 대신 "우리 어머니는 어머니고 당신은 내가 일생을 같이 살고 싶은 멋진 여자지"라고 대답했다는 일화를 들면서 "똑같이 사랑받는 건 뭔가 사랑을 덜 받는 것이지만, 특별한 존재로서 각기 다르게 사랑하는 것은 필요한 만큼 사랑받는 것입니다"라고 했어. 그러니까 공평하게 대한다고 해도 아이들은 다른 사람들보다 조금 더 가지고 싶은 마음에 만족하지 못해 불공평하다고 느낀다는 거야. 각자 필요에 맞춰 대해야 불만이 없고, 공평해진다는 거지.

부부 사이도 마찬가지인 것 같아. 남편하고 연애할 때, 평등한 연인이 되겠다고 밥값, 커피값 등 데이트 비용을 반반 부담한 적이 있었어. 데이트 통장을 만들어서 한 달에 10만 원씩 넣어놨지. 그리고 그 돈으로 데이트를 했어. 그런데 어느 날 이게 평등한 건가 싶더라. 그때 나는 대학을 졸업한 사회 초년생이었고 남편은 여전히 공부 중이었어. 나는 월급을 받으니 한 달에 10만 원이 큰돈이 아니지만, 남편은 공부 중이었으니까 10만 원이 부담스러웠을 거야. 그 상황에서 나도 10만 원, 남편도 10만 원을 데이트 비용으로 내는 건 오히려 불평등한 게 아닐까? 10만 원이 액수는 같아도 남편과 나에게 다른 의미를 가지고 있으니 불공평한 거지. 그날 데이트 통장을 없앴어.

사내 커플인 후배 부부가 있어. 같이 출근해서 같이 퇴근하지. 근무 시간은 비슷하지만 여자 후배의 부서는 업무가 급박하게 돌아갈 때가 많아. 스트레스를 많이 받지. 그래서 남자 후배는 퇴근 직후 집안일을 가급적 본인이 한다고 해. 요리를 하는 동안 아내를 쉬게 하려는 거야. 요리가 끝나면 같이 저녁을 먹고 여자 후배가 설거지를 한대. 그동안 남자 후배는 간단한 집안일을 하지. 비중을 따지면 남자 후배가 집안일을 더 많이 하지만, 두 사람의 체력, 스트레스까지 감안하면 이 상태가 평등하다고 생각한다고 했어.

맞아. 서로가 수긍할 수 있는 선을 맞추는 것이 평등한 거야. 혹실드도 "부부는 각자 가정에 어떻게 기여하고 있는가, 부부는 서로에게 얼마나 고마워하고 있는가"에 따라 부부 감정의 근본적인 문제가 달라진다고 했어. 부부 사이의 평등은 '객관적인 평등'이 아니야. 두 사람이 만족하는 '주관적 평등'이 진짜 평등이야.

부부균형
솔루션 5

서로의 든든한 '백업'이 되자

~~~~~~~~~~~~~

오즉여 여즉오吾則汝 汝則吾.

2006년 방영된 드라마 〈황진이〉에서 은호가 진이에게 평생
의 사랑을 약조하며 끼워 준 가락지 안쪽에 새겨진 문구입니다.
'나는 너고, 너는 나다'라는 뜻으로, 한동안 연인들 사이에 이 문
구가 새겨진 커플 반지를 나누는 게 유행이었습니다. "자기가 나
고, 내가 자기야"라는 낯 뜨거운 대화도 자주 들을 수 있었습니다.

수연-재성 씨 부부는 '오즉여 여즉오'를 조금 다르게 해석합
니다. '네가 할 수 있으면 나도 할 수 있고, 내가 할 수 있으면 너
도 할 수 있다'고요.

두 사람은 부부는 '따로 또 같이'인 관계라고 말합니다. 부부
가 일심동체가 되어 합집합이 되는 것보다는 부부로 공유하는 교
집합과 상대와 무관한 여집합이 있는 부부가 건강하다는 것입니
다. 단, 역할에 있어서는 합집합이 될 수 있어야 합니다.

재성 씨는 친구들과 모여 술 한잔 나누다가 친구들이 "너희
집에서 2차 하자"라고 하면 수연 씨에게 연락합니다. 그러면 수연
씨는 간단한 술안주를 마련해 둡니다. 반대의 상황도 마찬가지입
니다. 수연 씨가 친구들과 모여 술 한잔하다가 집에서 2차를 하고

싶을 땐 재성 씨에게 연락을 합니다. 재성 씨가 어질러진 거실을 치우고 술안주를 준비합니다.

결혼은 남자와 여자의 만남이기 이전에 한 사람과 한 사람의 만남입니다. 남자 여자, 남편 아내의 역할을 나누기 전 각자가 한 사람의 독립된 역할을 할 수 있어야 합니다. 역할을 분담할 수는 있지만, 특정 역할을 하지 못해서 한 사람이 떠안는 일은 없어야 합니다. 수연 씨와 재성 씨는 결혼해서 모든 일을 같이 해 보니 "남자라서 못하는 일, 여자라서 못하는 일은 없었다. 남자라서 안 해 본 일과 여자라서 안 해 본 일이 있었을 뿐"이라고 했습니다. 맞습니다. 더 잘하고 덜 잘하고의 차이는 있을 수 있지만 하지 못하는 일은 없습니다.

2005년 '심리과학 동향지'에는 이성애자 커플은 두 사람의 행복한 정도가 다른 반면 동성애자 커플은 두 사람이 똑같이 행복하다는 내용의 논문이 실렸습니다. 보통 이성애자 커플은 남자의 행복도가 여자의 행복도보다 높습니다. 집안에서 여자가 담당하는 일이 더 많기 때문입니다. 동성애자 커플은 그렇지 않습니다. 남녀의 고정관념에 얽매이지 않기 때문에 역할 분담이 더 공평합니다. 각자가 무엇을 좋아하고 잘하는가를 기준으로 일을 나눕니다.

그래서 수연-재성 씨는 "신혼부부인 만큼 모든 역할을 같이 해 보며 각자에게 맞는 역할을 찾는 중"이라고 했습니다. 이미 각자의 역할이 분명해진 부부라면 조금 다른 방법으로 접근해 볼 수 있습니다. 상대방이 일주일 동안 출장을 간다고 가정하고 불편한 것들을 떠올려보는 겁니다. 그중 가장 걱정되는 것부터 하나씩 익혀봅니다. '남편이 없는데 형광등이 나가면 어떡하지?' 하고 걱정이 된다면 아내는 형광등 교체법을 배우고, 아내가 집을 비웠을 때 저녁이 걱정된다면 남편은 평소에 요리를 해 보는 겁니다.

역할을 공유하면 부부 싸움도 줄어듭니다. 보통 부부 싸움은 '내가 얼마나 힘든데 그것도 몰라주고'라는 야속한 마음에서 비롯됩니다. 서로를 이해하려면 역지사지로는 부족합니다. 상대방의 신발에 발을 넣고 걸어봐야 알 수 있습니다. 역할을 공유하며 상대방의 신발을 신고 걸을 때 부부의 진짜 소통이 시작됩니다.

실천하기

배우자가 일주일간 없다고 생각하고 불편한 것들을 서로 적어보세요. 그리고 그중 가장 걱정되는 것부터 우선순위를 정해 하나씩 익혀보세요.

1.	1.
2.	2.
3.	3.

진짜 연애는 결혼 후에 시작된다

유경-재석 씨 부부는 얼마 전 부부동반 모임에 참석했습니다. 지인 부부들끼리의 모임이었는데 지난해 결혼한 두 사람부터 올해 결혼 10주년을 맞은 부부까지, 다양한 결혼 경력의 부부가 모였습니다.

모임에서 결혼하고 얻은 것이 무엇이냐는 질문이 나왔습니다. "마음이 안정됐다", "평생을 같이할 동반자를 얻었다", "눈에 넣어도 아프지 않은 자식이 생겼다" 등 다양한 대답이 오갔습니다. 그리고 이야기는 자연스레 결혼하고 잃은 것으로 이어졌습니다. 모두 한 목소리로 답했답니다. "사랑이요!" 유경-재석 씨가 야유를 하니 결혼 선배들은 장난 섞인 표정으로 "너희들도 조금 더 살아봐라. 먹고살기 바빠 죽겠는데 뭔 놈의 사랑 타령이냐는 말이 나올 거다"라고 했습니다.

솔직히 말하면 두 사람도 뜨끔했답니다. 결혼을 하고는 '연애와 결혼은 정말 다르구나'라고 느끼고 있었으니까요. 연애할 때의 사랑과 결혼한 뒤의 사랑은 확실히 달랐습니다. 결혼 전에는 주말 아침이면 차로 2시간이 걸리는 거리를 마다하지 않고 집 앞까지 마중 와서 "빨리 보고 싶어서 왔어"라고 하던 재석 씨가 결혼하고는 주말마다 늦잠을 자고 느지막이 일어나 "배고프다"는 말만 합니다. 재석 씨 옷에 머리카락이 붙어 있으면 조용히 떼어주던 유경 씨는 결혼하고는 "옷 좀 잘 살펴봐. 머리카락이 붙어 있고 그러면 사람들이 마누라 흉봐"라며 잔소리가 늘었습니다. 두 사람은 "어쩌면 알랭 드 보통의 소설 제목《낭만적 연애와 그 후의 일상》처럼 낭만적인 연애를 하다가 결혼해 알콩달콩한 신혼 생활을 즐기고, 함께하는 시간이 길어질수록 서로가 일상이 되며 점점 무심해지는 것 같다"라고 했습니다.

그렇다고 사랑이 식은 건 아닙니다. 사랑의 형태가 조금 달라진 느낌입니다. 재석 씨는 연애할 때 '오늘은 뭘 해서 유경이를 즐겁게 해 줄 수 있을까?'를 고민했다면 결혼하고는 '내가 도와줄 수 있는 게 없을까?'를 고민한다고 했습니다. 박성덕 소장이 "연인은 서로 좋은 감정을 표현하며 관계를 발전시키는 관계인 반면 부부는 부정적인 감정을 서로 이해하고 풀어주면서 더 깊어지는 관계"라고 말했듯 두 사람은 서로를 이해하며 사랑을 키워가는 중입니다.

유경 씨는 특히 사랑을 '건강하게' 키우고 싶다고 했습니다. 그러기 위해 서로를 남자 여자, 남편 아내로 사랑하는 것을 넘어 '한 사람'으로 사랑하려고 한답니다. 결혼을 해서 살아보니 알콩달콩한 사랑만큼이나 서로를 성장하게 하는 사랑도 중요하다는 것을 깨달았기 때문이라네요. 그래서 매달 서로에게 책을 선물합니다. 같이 읽고 싶은 책을 고르기도 하고, 상대방의 꿈을 이루는

데 도움이 되겠다 싶은 책을 고르기도 한답니다. 책을 받으면 '나를 위해 고른 책이구나' 싶어 더 애정이 생긴다고 하네요.

"서로 책을 선물하지만, 받은 책을 읽지 못할 때가 더 많아요. 책을 읽느냐 마느냐보다 더 중요한 건, 그 사람을 생각하며 내가 책을 골랐다는 사실 같아요. 그 시간만큼은 서로의, 우리의 성장을 응원했을 테니까요. 이런 것이야말로 부부만이 누릴 수 있는 사랑 아닐까요?"

실천하기

1. 한 달에 한 번 같이 서점에 가서 서로에게 선물하고 싶은 책을 골라보세요. 때론 책이 아니어도 좋아요. 상대방을 생각하며 고르는 선물은 고마움을 두 배로 느끼게 한답니다.

2. 기념일이 아닌 날, 꽃 한 송이 같은 작은 선물을 해 보세요. 때론 기념일에 받는 꽃 한 다발보다 더 큰 기쁨을 줄 수 있어요.

3. 결혼을 하면 부부의 호칭이 '여보', '자기', '누구 엄마', '누구 아빠'로 불리게 되지요. 가끔은 상대방의 이름을 불러보세요. 연애할 때 이름을 불렀던 것처럼 말이죠.

집안일을 대하는
현명한 자세

**가사분담의 첫걸음은
서로를 이해하는 것**

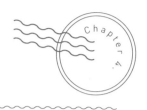

신혼여행에서 돌아온 순간, 전쟁이 시작되었다

결혼하니 어때?

난 결혼하고 가장 적응하기 어려웠던 게 남편의 누워 있는 모습이었어. 연애할 땐 집밖에서 만나는 일이 대부분이니 같이 커피를 마시거나 영화를 보거나 데이트를 하며 '앉거나 서 있는' 모습을 주로 봤는데 결혼한 뒤로는 주로 침대 혹은 소파에 누워 있는 거야. 집에 들어오는 동시에 '휴식 모드'로 전환되는 모습이 신기할 정도였어.

신혼여행을 다녀온 순간부터 그랬어. 남편은 현관문을 열자마자 "드디어 우리 집이다!"라고 외치며 벌러덩 누웠지. 물론 그 옆에 나도 같이 누웠어. 그런데 곧 캐리어가 아른거리며 '언제 다 정리하고 언제 빨래하지?' 하고 슬슬 조바심이 나는 거야. 그래서 남편을 봤더니 이미 꿈나라 삼매경이었지.

같이 여행을 다녀왔고, 캐리어에는 내 짐도, 남편의 짐도 같이 들어 있는데 왜 남편은 별생각 없이 편히 쉬고 나는 편치 않지? 슬쩍 억울해지더라.

난 결혼하기 전까진 집안일에 신경 쓴 적이 없었어. 그런데 결혼을 하니 너무도 자연스럽게 '집안일=내 일'로 여겨지더라. 그런데 반대로 남편은 대학생 때부터 자취를 해서 어지간한 집안일은 할 줄 알고 곧잘 해왔어. 진짜야. 연애할 때 가끔 자취방에 놀러 갔는데, 아주 깨끗했었어. 그런데 결혼하더니 손 하나 까딱하지 않는 거 있지?

집안일에 익숙한 남편이 집안일을 주도하고, 내가 배워나가는 게 합리적인 거 같은데…. 좀 이상하지 않아?

집안일은 할 줄 알아서 하고 몰라서 안 하는 게 아니었어. 그것보다는 여자, 남자의 차이였어. 우리는 어렸을 때부터 엄마가 집안일을 하고 아빠가 소파에 누워 있는 걸 봐왔잖아. 그 '사회적인 장면'에 익숙해진 거지. 사회가 변하고는 있다지만, 아직까지 '여자는 가정, 남자는 일'이라는 성별에 따른 역할 분담이 큰 것도 사실이고 말이야. 그러다보니 나조차 무의식중에 '결혼했으니 여자인 내가 집안일의 책임자'라고 생각했던 것 같아. 남편은 '부지런한' 아내가 있으니 집안일에서 한 발 빠진 거고.

집안일은 '아내의 일'이라는 생각부터 버려라

앞서 '좋은 아내'에 대해서 다시 생각해 보자고 했잖아. 이번에는 집안일 차례야. 집안일은 소소한 문제 같지만 사실 부부 사이에 가장 자주 부딪히는 문제야. 그리고 서로에게 불만이 생기는 시발점이기도 해. 그러니 차근차근 짚어보자. 우선 '집안일=여자의 일'일까?

부끄럽지만 난 결혼하기 전까지 설거지를 한 번도 해 본 적 없었어. 엄마가 "결혼하면 평생 할 일이다. 지금부터 할 필요 없다"라면서 고무장갑도 끼지 못하게 하셨거든. 곱게 키워 보내야 시집가서도 고운 대접을 받는다고 하시면서 말이야. 그땐 감사했지.

그런데 결혼하고 살아보니 엄마의 말씀 중 두 가지가 아쉽더라. 첫 번째는 집안일은 결혼한 뒤부터 하는 거라고 하신 것. 그게 아니라 움직일 수 있으면 해야 하는 일 같아. 갓난아기나 거동이 불편한 어르신이 아니라면 누구나 해야 한다는 거지. 집안일은 결국 내가 먹을 음식, 입을 옷, 살 집을 챙기고 가꾸는 거잖아. 사람이라면 누구나 익혀야 할 삶의 기술인 거지.

그러니 집안일을 누가 대신해 주길 바라지 말고 각자 나이와 상황에 맞는 몫을 해야 하는 것 같아. 아이는 아이가 할 수 있는 집안일을 하고, 남편은 남편이 할 수 있는 집안일을 하면서 나누고 돕는 거지. 어렸을 때 난 엄마가 "밥 먹을 준비하자"라고 하시면 손을 씻고 식탁 앞에 앉았어. 우리 아이들은 내가 "밥 먹을 준비하자"라고 하면 손을 씻고 주방으로 쪼르르 달려와. 첫째는 밥

그릇, 둘째는 숟가락과 젓가락을 옮기고 남편은 반찬과 물잔을 옮기지. 가끔 아이들이 "만화 보고 있었는데…" 하며 툴툴거리면서도 각자의 몫을 하는 걸 볼 때면 기특해. 나는 모든 걸 다 해주는 엄마 밑에서 자라 편했지만, 건강한 장면은 아니었던 것 같거든.

두 번째는 설거지를 평생 '내가 할 일'이라고 하신 것. 나도 그렇게 생각했어. 집안일은 아내의 일인데 시대가 변한만큼 남편이 아내의 일을 도와야 한다고 말이야. 그게 가사분담이라고 생각했어. 그래서 나는 분주히 움직이는데 남편이 소파에 앉아 있을 때면 '나 좀 도와주지' 하고 불만이 쌓였던 것 같아.

그러다 하루는 부부 싸움을 하고 친한 '결혼 선배'한테 전화를 했었어. "왜 남자들은 집안일을 도와주지 않는 거냐?"라고 하소연을 했지. 선배가 이렇게 말하더라.

"도와달라고 하니 그렇지. 집안일은 돕는 게 아니라 같이하는 거야. 도와달라는 말부터 하지 마."

머리를 한 대 세게 얻어맞은 기분이었어. 선배는 "집안일은 내 일'이라는 생각이 가사분담을 막는다"라고 하더라. 맞는 말이야.

가사분담은 집안일을 나누는 거잖아. 그런데 '집안일은 아내의 일'이라는 전제하에서는 집안일을 나누는 것이 아니라 남편이 아내의 일을 돕는 게 되지. 나는 내 몫의 집안일을 남편에게 덜어 준다고 생각하게 되고 남편은 안 해도 되는 집안일을 아내를 위해 해 준다고 생각하게 돼. 그렇게 되면 나는 "이것 좀 도와줄래?" 하고 분담이 아닌 도움을 청하고 남편은 "해 주지 뭐" 하고 선심을 쓰듯 응하거나 "왜 이렇게 바라는 게 많아?"하고 툴툴거리게 되는 거지.

'집안일은 우리 일'이라면 누가 누굴 돕는 것도 아니고 누구의 일을 덜어주는 것도 아니야. 우리의 일이니 같이하는 게 당연하지. 그러니 '집안일=내 일'이라는 생각에서부터 벗어나야 해.

관련해서 결혼 생활과 관계를 다루는 권위자인 조슈아 콜맨은 이런 말을 한 적이 있어.

"남편이 가사를 분담하는 게 당연하다고 주장하는 아내가 남편으로부터 많은 도움을 받아낼 수 있다."

맞아. 내 주위에 가사분담을 잘하는 부부들에게 비결을 물으면 집안일을 '도와달라'고 한 적이 없다고 하더라. '당연히 같이 해야 하는 일'이라고 생각하고, 남편과도 그렇게 접근한다고 해.

꾸준히 배려하며 요구하기

너 얼마 전에 전화해서 "집안일을 '우리 일'이라고 생각하고 접근하는데도 가사분담이 되지 않는다. 답답하다"라고 했지? 알아. 그럴 거야. 그리고 그게 당연해. 내 태도를 바꾸어서 '짠'하고 가사분담이 된다면 내가 이렇게 자세히 얘기하지도 않겠지. 모든 부부가 가사분담을 공평하게 하고 싶어 하고, 그러기 위해 노력하고 있어. 하지만 통계청 조사에 따르면 부부 5쌍 중 1쌍 만이 가사분담을 공평하게 하고 있다고 해. 그만큼 어려운 문제이기 때문일 거야.

집안일을 하고, 하지 않는 건 그 사람의 개인적인 특성이기도 하지만 그보다 한 사회 안에서 나고 자라며 익숙해진 결과인 것 같아. 내가 결혼을 하며 당연히 집안일을 내 몫이라고 생각한 것처럼 남편도 집안일을 아내의 몫이라고 생각하거든. 나는 바깥일을 하면서 집안일도 하는 상황이 버거우니 일을 재조정하고 싶지만, 남편의 입장에서는 재조정하면 일을 더하게 되는 거잖아.

사람은 누구나 편한 걸 추구해. 그렇기 때문에 남편 입장에서는 변하는 것보다 가급적 버티는 게 답일 수 있어. 가사분담이라는 게임에서 나는 공격수이고 남편은 수비수가 되는 거야. 이런 상황에서 남편을 변하게 하려면? 끊임없이 공격해야 해. 언제까지? 골이 들어갈 때까지! 변할 때까지 요구해야 한다는 거야. 공평하게 가사분담을 하는 부부들을 만날 때마다 비결을 물어보곤 해. 답은 똑같았어. 공평해질 때까지 계속 요구한다는 것.

그런데 요구할 때도 요령이 필요해. '내 남편이 잘못됐다. 남편을 변화시키겠다'라고 생각하면 남편은 절대 변하지 않아. 부부 싸움만 늘어나지. 그보다 '이 상황을 같이 바꿔나가야겠다'라는 자세가 중요해. 인기 강사 김미경 씨가 부부 싸움의 대상을 남편이 아니라 '우리나라 500년 역사'라고 표현한 적이 있어. "개인차는 있지만 우리나라의 많은 남자가 권위적이고 남녀차별적인 교육을 직·간접적으로 받으며 자란 게 사실이다. 그렇게 보고 듣고 배우며 자랐기 때문에 스스로 변하려고 해도 시간이 걸리고 어렵다는 사실을 잊지 말고 접근해야 한다"라고 하더라. 동감해.

내 남편이 유독 집안일에 관심이 없는 게 아니라 그렇게 교육을 받고 자라온 거야. 남편에게 요구하기 전에 이해해야 할 부분도 있어.

안주인이라는 말이 있잖아. 아직까지 우리 사회에서는 집안의 주인이 여자야. 집안 곳곳의 기준은 여전히 여자에게 맞춰져 있어. 신혼 초기에 남편이 설거지를 할 때마다 허리가 아프다고 하더라. 나는 설거지를 아무리 해도 허리가 아프지 않았으니 엄살 부리지 말라고 했지. 그런데 어느 날 싱크대 높이에 대한 기사를 읽었어. 싱크대의 적정 높이는 '키$(cm) \times 0.5 + 5cm$'인데 보통 가정용 싱크대의 높이는 85cm라는 거야. 한국 여성 평균 키인 160cm에 맞춰져 있는 거지. 그런데 남편 키가 175cm였으니 키가 큰 남편은 설거지를 할 때마다 허리를 앞으로 더 숙여야 했고 허리가 아픈 게 당연했어.

그리고 돌아보니 냄비 하나를 살 때도 내 눈에 예쁜 것, 내가 쓰기 편한 것 위주로 골랐어. 보기 좋은 냄비에 요리를 하면 요리하는 내내 기분이 좋으니까. 남편도 마찬가지 아닐까? 냄비를 고를 때부터 남편과 상의했다면 남편도 더 기분 좋게 설거지를 할 수 있었을 텐데, 뒤늦게 후회가 되더라.

요즘 남자들 '주방에 들어가면 고추 떨어진다'라고 생각하는 경우는 많지 않아. 인터넷 어느 게시판에서 한 남편은 '이제 주방에 안 들어가면 고추가 잘리는 시대'라고 하더라. 표현이 민망하면서도 어찌나 웃기던지…. 그러니 남편을 바꾸려고 하지만 말고 같이 바뀌자는 거야. 남편 안의 '500년 역사'를 바꿔야 하는 거니

천천히 느긋하게 생각하면서.

'일'이 아닌 '책임감'으로 생각하기

아내들끼리 모이면 꼭 이런 얘기가 나와. "왜 우리 남편은 시키는 것만 할까요?" 이 질문에 배부른 소리 말라며 "시켜서 하는 게 어디냐?"라는 아내들도 많아. 남편이 시켜도 안 한다는 거지. 물론 그것보단 낫지. 하지만 생각해 봐. 통계청에 따르면 평균 초혼 연령은 남자 32.8세, 여자 30.1세였어. 같은 해 30세 남자의 기대여명이 50년, 여자는 55.9년이니 결혼하면 50여 년을 함께 사는 셈이야. 50년 동안 남편에게 집안일을 시키고, 시켜서 하는 것에만 만족하면서 살래? 난 자신 없어. 시키는 것도 일이야.

　난 중학생 때까지 스스로 공부를 한 적이 없었어. 엄마가 시킬 때만, 시키는 것만 했지. 시키는 대로만 했으니 공부가 즐겁지 않았고 성적도 좋지 않았어. 그런 내가 답답했는지 하루는 엄마가 나를 붙잡고는 '앞으로는 공부하라, 마라 하지 않겠다. 네 인생이고 너를 위한 공부니 네가 알아서 해라'라고 하시는 거야. 어린 마음에 신이 나서 열심히 놀았지. 당연히 다음 시험은 말 그대로 '쫄딱' 망했어. 그러고나니 정신이 들더라. 그때부터 스스로 공부를 하기 시작했어. 아마 처음으로 내 인생에 대한 책임감을 느꼈던 것 같아. '이러다 나 앞으로 어떻게 되는 거지?' 싶었으니까. 그 뒤로 공부를 열심히 하게 됐어. 스스로 공부를 하다보니 재미가 있었고 성적도 올랐어.

집안일도 비슷한 것 같아. 대부분의 남편들은 아내가 시키기 전까지 집안일을 해야겠다는 생각을 하지 못해. 그러니 스스로 움직이질 않아. 그렇다면 방법은 일을 시키는 것이 아니라 스스로 집안일을 해야겠다는 생각이 들게 만드는 거야. 책임감을 느끼게 해야 하는 거지. 엄마가 공부를 넘어 내 인생의 책임을 지라고 했던 것처럼 말이야.

방법은 간단해. 집안일을 나누는 것이 아니라 '집안일의 책임'을 나누는 거야. 가령 남편이 설거지 담당이라면 설거지라는 행위 만이 아니라 설거지에 관한 모든 것을 일임해야 해. 설거지를 언제 할지, 어떻게 할지 모두 남편이 정할 몫이야. 설거지에 관련된 모든 것을 남편에게 맡겨. "밥 먹었는데 왜 바로 설거지를 하지 않냐?", "그릇에 물기를 닦아서 올려라" 등 훈수는 접어둬.

물론 미덥지 않을 수 있어. '이렇게 하면 좋겠는데…' 하는 아쉬움이 있을 거야. 하지만 집안일은 누구나 나만의 방식이 있어. 너도 '베테랑 주부'인 친정엄마의 살림법이 모두 마음에 드는 건 아니잖아. 남편도 남편의 방식이 있어. 그걸 존중해. 그래야 남편도 나름의 방법을 찾아 스스로 할 수 있어. 그게 책임까지 나누는 거야.

그렇다고 마냥 참으라는 건 아냐. 만약 남편이 설거지를 미루고 미뤄서 저녁상을 차릴 그릇도 없다면, 그땐 말해야지. "저녁 준비를 해야 하는데 그릇이 없다"라고. 쉽지 않겠지만, 감정은 빼고 사실만 똑똑히 말해야 해. 그래야 부부 싸움으로 번지지 않아. 그럴 때 남편은 서둘러 설거지를 하거나 외식을 하자고 말하는 등 스스로 대안을 찾을 거야.

이때도 가급적 잔소리는 하지 말자. 책임을 다하지 않아 문제가 생기면, 문제를 해결하는 것까지 남편 몫이야. 속 터지겠다고? 걱정하지 마. 네 속이 터지기 전에 남편이 잘 해낼 테니. 이런 일이 몇 번 반복되면 남편도 문제가 생기지 않는 선으로 방식을 고쳐나갈 거야. 옆에서 보기 힘들더라도 참아. 그게 바뀌어가는 과정이야.

'문지기 행동'을 줄이는 방법

비슷한 이야기일 수도 있는데, 집안일에 대한 책임감을 내려놔야 '문지기 행동'도 줄일 수 있어. 집안일이나 육아에 있어서 "이렇게 해야지", "아냐. 그거 아니라고"라고 하는 걸 문지기 행동이라고 하는데, 미국 브리검영대 가족연구센터 새러 앨런 교수의 연구 결과에 따르면 문지기 행동을 하는 아내는 문지기 행동을 하지 않는 아내에 비해 가사 노동을 주당 5시간 더했어. 문을 막고 있다가 내가 하게 되는 거지.

한 남자 후배가 있어. 결혼하면서 빨래를 후배가 담당하기로 했대. 빨래를 하고, 널고, 개켜서 정리해 두면 아내가 그걸 꺼내서 다시 접으며 "이렇게 딱딱 접어야지"라고 말한다는 거야.

그러다보니 후배 입장에서는 집안일은 '해도 욕먹고, 안 해도 욕먹는 일'이 됐어. 결국 열심히 집안일을 하고 욕을 먹으니, 집안일을 하지 않고 몸이라도 편한 상태에서 욕을 먹는 쪽을 택하게 되더래.

처음 후배의 이야기를 들었을 땐 황당했는데 후배만의 이야기가 아니더라. '해도 욕먹어서' 집안일에서 멀어졌다는 남편들이 생각보다 많아. 나도 문지기 행동을 하는지 궁금하면 아래 리스트를 살펴봐.

문지기 행동 체크리스트

☐   남편이 집안일을 제대로 하지 못해서 종종 다시 한다.

☐   가족들에게 일을 올바르게 하는 데 필요한 기술을 가르치기가 힘들어서 차라리 내가 하고 만다.

☐   남편이 할 줄 모르는 집안일이 너무 많기 때문에 내가 하는 것이 더 낫다.

☐   살림에 관해서 내 기준이 남편의 기준보다 높다.

☐   집안일만큼은 내가 주도하고 싶다.

☐   누가 갑자기 방문했을 때 집안이 엉망이면 창피하다.

☐   사람들이 내가 좋은 엄마이며 아내인지를 평가할 때는 집안과 아이들을 얼마나 깔끔하게 관리했는지를 본다고 생각한다.

☐   이웃과 친척, 친구들이 내가 살림하는 모습에 대해 어떻게 생각할지 신경 쓰인다.

☐   나는 대부분의 여자들은 살림하는 것을 좋아하고 남자들은 좋아하지 않는다고 생각한다.

☐ 나는 여러 가지 이유에서 여자보다는 남자가 집안일을 하고 아이를 돌보는 것이 더 어렵다고 생각한다.

체크한 항목이 많을수록 남편이 집안일에 참여하지 않는 원인 중 일부가 아내에게 있을 가능성이 높다.

───────────────────────

너희 부부가 맞벌이일 수도 있고, 외벌이일 수도 있어. 네가 전업주부여도 집안일이 모두 너의 일은 아니라는 걸 기억했으면 해. 집안일은 시작은 있어도 끝은 없잖아. 전업주부라면 집안일의 더 많은 부분을 담당하겠지만, 혼자 집안일 모두를 감당하려고 들지는 마. 그럴 때는 집안일을 시작하고 끝내는 출퇴근 시간을 정하는 것도 방법이야. 이 부분에 대해서 남편과 명확한 합의를 해. 출퇴근 시간을 정하기 어렵다면 반대로 휴식 시간을 확보해도 좋아. 하루 한두 시간 정도는 집안일을 하지 않는 시간으로 정하는 거지.

또 '뒷바라지'와 '뒤치다꺼리'를 구분하렴. 가족을 위한 '뒷바라지'는 하되 '뒤치다꺼리'는 하지 마. 그러기 위한 첫걸음은 모든 집안일이 네 책임이라고 생각하지 않는 거란다.

가사분담
솔루션 1

규칙이 줄어들면 남편이 뛰어든다

결혼 3년 차 아내 다윤 씨는 'FM스타일'입니다. 집안일의 순서
와 일정을 빼곡히 정하고 그대로 따르는 걸 좋아합니다. 반면 남
편 영민 씨는 '프리스타일'입니다. 영민 씨는 모든 일을 순서와 규
칙 없이 내키는 대로 합니다. 연애할 때는 다윤 씨가 일정을 짜면
영민 씨가 그대로 따르는 편이었습니다. 결혼하고 집안일에서도
마찬가지입니다. 그러다보니 어느 순간부터 영민 씨는 다윤 씨의
'지시'가 없으면 움직이지 않습니다.

얼마 전 다윤 씨가 2박 3일 일정으로 지방에 있는 친정에 다
녀왔습니다. 집에 돌아오니 딱 이틀 치의 집안일이 쌓여 있었습
니다. 다윤 씨는 영민 씨에게 "어떻게 손 하나 까딱하지 않았느
냐"며 화를 냈습니다. 영민 씨는 영민 씨대로 억울했습니다. 집안
일을 안 한 게 아니라 어떻게, 어디부터 손을 대야 할지 알 수 없
어서 못한 것이었으니까요. 빨래를 접었지만 속옷, 양말, 티셔츠,
바지 등 옷 종류마다 보관함이 따로 있어 어디에 둬야 할지 헷갈
렸습니다. 결국 접어둔 빨래를 한구석에 차곡차곡 쌓아놨습니다.

냉전 끝에 영민 씨는 집안일의 규칙을 새로 정하자고 제안했
습니다. 솔직히 말하면 지금의 집안일 매뉴얼은 기억하기도 힘들

뿐더러 지킬 자신도 없었기 때문입니다. 그러니 아예 새로, 같이 정해 보자고 한 겁니다.

집안일의 규칙은 집안일의 주도권을 가진 사람이 정할 때가 많습니다. 집안일을 더 많이 하거나 더 깔끔한 사람이 주로 주도권을 가지게 되죠. 이런 경우 부부가 같이할 수 있는 규칙을 찾고 의논해 정하는 게 아니라 나만의 규칙을 상대방이 따르길 바라게 됩니다. 하지만 '나만의 규칙'은 '나만' 지킬 확률이 높습니다. 같이 지키고 싶다면 같이 정해야 합니다. 부부가 상의해 부부 모두가 실천할 수 있는 간단한 규칙을 만드는 게 도움이 됩니다.

다윤-영민 씨는 상의 끝에 빨래의 규칙을 '마르면 접기' 딱 하나만 남겼습니다. 말 그대로 빨래가 마르면 건조대에서 걷어옵니다. 그리고 3단 접기든 4단 접기든 각자의 방식에 따라 정리합니다. 그동안은 빨래가 마르면 착착 접어 속옷과 러닝셔츠는 서랍장의 맨 아래 칸, 양말은 그 위 칸, 실내복은 가장 위 칸에 정리했습니다. 이제는 각자 정리하고 각자의 서랍장에 넣습니다. 새로운 규칙에는 '속옷 칸', '양말 칸', '실내복 칸' 대신 '다윤 칸', '영민 칸'이 있습니다.

영민 씨는 "규칙이 간단해지니 집안일이 덜 부담스럽다"며 "집안일도 요리와 비슷한 것 같다"고 말했습니다. 레시피가 간단하면 한두 번만 해 봐도 기억에 남습니다. 복잡하면 요리를 할 때마다 레시피부터 찾게 됩니다. 레시피가 간단하면 '한번 해 볼까?' 하는 마음이 쉽게 생기지만 레시피가 복잡하면 레시피를 훑어보는 것만으로 지칩니다. 레시피가 간단하면 '이렇게 바꿔볼까, 더 맛있는 방법은 없을까?' 하고 생각할 여유가 생기는 반면 레시피가 복잡하면 그대로 따라 하기도 바쁩니다.

집안일도 마찬가지입니다. 규칙이 세세하고 빈틈이 없으면 집안도 완벽히 꾸릴 수 있습니다. 하지만 그만큼 더 시간이 들고 더 힘을 쏟아야 합니다. '완벽한 집'과 '충분히 깔끔한 집'은 물론 다르지만 큰 차이는 아닙니다. 규칙을 줄이면 지켜야 할 게 줄어드니 집안일도 줄고 온 가족이 함께할 수 있습니다.

실천하기

엉망진창 바구니를 하나 만들어보세요. 정리하기가 어렵거나 애매한 물건들은 엉망진창 바구니에 넣은 뒤 주말이나 시간이 날 때 다시 한 번 정리하는 겁니다. 혹은 남편을 위한 바구니도 하나 만들어주세요. 거실에 쌓여 있는 알 수 없는 전선들과 부품들이 깔끔하게 정리된답니다.

살림이 줄어들면 집안일도 줄어든다

진원-현이 씨는 결혼 7년 차 부부입니다. 2년 전 아이를 낳아 세
식구가 되었습니다. 신혼 시절 블랙 앤 화이트로 인테리어를 했
던 집은 아이가 태어나자 오색 무지갯빛으로 변했고 대궐 같던
24평형 아파트가 좁게 느껴지기 시작했습니다. 아이가 3살인 지
금은 베란다까지 아이 물건을 내놓고 있지만, 집안은 쉽게 정리
되지 않습니다.

　문제는 물건이 늘어난 만큼 집안일에 들이는 시간도 늘었다
는 겁니다. 신혼 초기에는 먼지를 제거하고 청소기를 돌리고 걸
레질을 해도 넉넉잡아 2시간이면 끝났던 청소가 이제는 마음먹
고 해도 반나절은 걸립니다. 그러다보니 청소가 갈수록 부담스럽
습니다.

　두 사람은 일단 '바닥 살림'을 줄이기로 했습니다. 바닥에 물
건이 많을수록 집안일에 시간이 더 오래 걸린다는 조언을 따른
것입니다. 맞는 말이었습니다. 청소할 때마다 바닥을 비우는 데
들이는 시간이 만만치 않았습니다. 선반을 마련해 아이가 잘 가
지고 놀지 않는 장난감부터 선반으로 옮겼습니다. 바닥에 있던
물건을 차곡차곡 위로 쌓은 것이지요. 창고 같았던 집에 숨통이

트였습니다. 청소하는 시간도 줄었습니다.

하지만 역부족이었습니다. 시간이 지나자 선반에 아무렇게나 물건을 쌓기 시작했고, 선반에 먼지가 쌓이자 선반 관리가 또 다른 집안일이 됐습니다.

그래서 '바닥 살림'을 줄이는 것을 넘어 집안 살림 자체를 줄이기로 했습니다. 물건을 정리하는 대신 쓰지 않는 물건을 버리기로 결심한 것이지요. 결혼하고 처음으로 살림살이를 버리는 것이었습니다. 그동안 마음은 먹었었지만 실천으로 옮기진 못했습니다. 첫 살림이고 아이와의 추억이 담겨 있어 차마 내 손으로 버릴 수 없었습니다. 아마 그런 이유로 대부분의 부부들이 살림살이를 쉽게 바꾸거나 버리지 못하는 걸 겁니다.

물건을 정리할 때만큼은 '미래형'이 아닌 '과거형' 사고가 도움이 됩니다. '앞으로 쓸 일이 있을지도 몰라'가 아닌 '지난 6개월간 쓴 적이 있던가?'를 떠올리는 겁니다. 6개월간 쓴 적이 없다면 앞으로도 쓸 일이 없을 가능성이 큽니다. 물건을 버린다고 추억까지 버리는 것이 아닙니다. 정 버리기 어려울 땐 사진으로 남겨 두고 버리면 됩니다.

그래도 어떤 물건을 버려야 할지 판단이 어려울 땐 버릴 물건이 아닌 남길 물건을 추려봅니다. 거실에서 물건 10개만 남기고 다 치워야 한다면 무얼 남길 것인가를 생각해 보는 겁니다. '남길 것'을 생각하면 가장 자주 쓰고, 곁에 있어야 편한 순으로 정리가 됩니다.

진원-현이 씨 부부는 물건을 살 때도 신중히 결정해야 한다고 충고합니다. 결혼을 준비하며 필요할 것 같아 샀던 물건 중 한 번 쓰고 베란다에 내놓은 물건이 많기 때문입니다. 건강을 챙기기 위해 아침에 한 잔씩 마시려고 구매했던 녹즙기는 한두 번 쓴 게 전부입니다. 매일 꾸준히 운동하자며 들였던 러닝머신은 전원 코드도 뽑힌 채 거실 한구석에서 자리만 차지.하는 '대형 옷걸이'가 됐습니다.

　　살림이 줄면 생활도 단순해집니다. 냉장고를 정리하는 시간도 줄고 청소하는 시간도 줄어듭니다. 물건을 찾느라 쓰는 시간도 줄어듭니다. 그리고 '여백'이 많은 집에 있으면 무엇보다 마음이 편안합니다.

점검하기

거실에 물건을 10개만 남기고 모두 치워야 한다면 무엇을 남길 것인지 물건 10가지와 이유를 적어 보세요.

1. 남길 것 |
   이유 |
2. 남길 것 |
   이유 |
3. 남길 것 |
   이유 |
4. 남길 것 |
   이유 |
5. 남길 것 |
   이유 |
6. 남길 것 |
   이유 |
7. 남길 것 |
   이유 |
8. 남길 것 |
   이유 |
9. 남길 것 |
   이유 |
10. 남길 것 |
    이유 |

함께 웃는 부부가
되는 비법

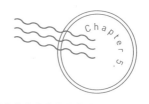

남편이 된 동생에게

가사분담의 진짜 의미 찾기

너, 결혼하더니 핸드크림 자주 바르더라. 내가 핸드크림 바를 때마다 왜 그렇게 자주 바르냐고 하더니, 결혼하니 이유를 알겠지? 이제 우리 '누나 동생'을 넘어 '주부' 수다를 같이 떨 수 있겠어. 우리가 더 친해질 수 있을 것 같아 아주 신나.

무엇보다 너에게 핸드크림이 필요하다는 게 기뻐. 그건 너희 부부의 결혼 생활이 순탄할 거라는 신호이기도 하거든. 무슨 말이냐고? 가사분담은 행복한 가정을 꾸리는 첫 단추라는 말이야.

너무 거창하다고? 에이, 네가 몰라서 하는 말이야.

부부 싸움의 가장 흔한 이유는 가사분담이야. 우리 부부의 첫 싸움도 가사분담 때문이었어. 수많은 연구 결과를 통해 결혼만족도를 좌우하는 지표 중 하나가 가사분담이라고 밝혀졌어. 가사분담이 잘될 때 부부 만족도가 높아지고 부부의 유대감이 상승한다는 연구도 있지. 가사분담이 공평한 부부일수록 성관계를 더 자주 맺는다는 연구도 있어. 그러니 결혼과 가사분담은 떼어놓고 생각할 수 없어.

왜 그럴까? 집안일이 힘들어서? 딱히 그런 것 같지는 않아. 신혼 초기엔 두 사람 살림이라 집안일이 많지도 않았거든. 가끔은 힘들었지만 대부분 소꿉놀이를 하는 기분이었어. 그렇다면 집안일이 어려워서? 그렇지도 않아. 집안일은 고급 기술이 필요하지 않아. 어렵기보다는 번거롭고, 기술보다는 시간이 필요한 일이지. 한마디로 집안일은 '내가 해도 되고 네가 해도 되는 일'이야.

어쩌면 그래서 가사분담을 두고 신경전을 벌이는 것 같아. 내가 해도 되고 네가 해도 되니 누가 무얼, 얼마나 할지는 부부가 상의하고 조율하고 때론 다투며 맞춰가는 과정이니까. 그러니 가사분담은 단순히 일을 나누는 것이 아니라 부부가 되어 처음으로 맞추는 '합'인 거지.

유난히 기운이 없는 날 남편이 내 어깨를 한 번 토닥이고 아무 말 없이 설거지를 할 때면 그렇게 고마울 수가 없더라고. '이 사람, 내 마음을 다 아는구나' 싶었어.

그러니 가사분담은 '할 일'을 나누는 것 이상의 의미가 있다는 걸 꼭 기억했으면 해. 그렇다면 이렇게 중요한 가사분담을 남편인 너는 어떻게 접근해야 할까?

집안일에도 '노력'이 필요하다

회사에서는 덜 노력하고 집안에서는 더 노력했으면 해. 요즘 많은 자기계발서가 '노력하지 마라', '지금 그대로 괜찮다'라고 하잖아. 나도 동의하는 부분이야.

그런데 이 말은 사회적인 성공을 위한 노력을 덜어내라는 뜻 같아. 그동안 우리 사회는 외적인 성공에 치중했어. 직장에서 온 힘을 다해 일하고 파김치가 되어 퇴근했었지. 집에 오면 손가락 하나 까딱할 힘도 남아 있지 않았어. 상대적으로 가정에는 소홀할 수밖에 없었어. 결과는? 사회에서는 성공했을지 몰라도 가정에서는 소외됐지. 우리 아버지 세대처럼 말이야.

우리 아버지 세대가 잘못했다는 뜻은 아니야. 안쓰러워서 그래. 우리 어머니들은 바깥 활동을 모두 접으며 가정에 희생하셨고, 우리 아버지들은 바깥일에만 매달리며 가정을 위해 희생하셨어. 누구보다 가족을 사랑하고 그래서 그 가족들을 위해 더 열심히 일하셨지. 알아. 감사해. 그래서 누구보다 아버지들이 행복했으면 좋겠어. 그런데 현실은 반대야. 아버지들이 쓸쓸해 보여.

이런 이야기들 많이 하잖아. 아버지가 오랜만에 일찍 퇴근했는데 현관문 밖으로 아이들 웃음소리가 들려서 반가운 마음에 서둘러 문을 열었더니 갑자기 웃음소리가 그치더래. 아내도 아이들도 슬쩍 각자 방으로 들어가고 아버지만 거실에 덩그러니 남는다는…. 얼마 전에 술자리가 있었는데 나이 지긋한 한 선배가 "퇴근해 집에 돌아가면 나를 반기는 건 우리 집 강아지뿐"이라고 자조 섞인 농담을 하시는 거야. 뭐라고 해야 할지 모르겠더라.

그 집 가족들이라고 아버지께 감사한 마음이 없었을까? 아버지가 무얼 위해 열심히 살고 있는지 몰랐을까? 알 거야. 그럼에도 불구하고 아버지와 함께하는 게 어색한 거지. 같이 밥을 먹고 같이 TV를 보고 같이 얘기를 나누며 부대끼는 시간, 아내와 나란히 서서 설거지를 하고, 함께 장을 보고, 쉬는 날 무얼 할까 계획을 짜며 마음을 나누는 시간이 없었으니까.

그래서 난 우리 세대는 회사에서는 덜 노력하고, 집안에서는 더 노력했으면 해. 가끔 또래 친구들과 가정적인 남편과 사회적으로 성공한 남편 중 어떤 남편을 원하느냐고 묻곤 하거든. 열이면 열, 가정적인 남편을 원해. 남편이 없는 식탁에서 고기반찬을 먹는 것보다 남편이랑 같이 김치찌개를 먹는 게 더 행복해. 이제 우리도 일에서의 성공을 넘어 삶에서의 성공을 바라보면 좋겠어.

작은 일부터 시작해 보자. 아무리 회사 일이 몰려도 일주일에 한두 번은 정시에 퇴근해 아내와 같이 장을 보고 요리를 하고, 함께 청소하고 빨래를 접으며 오늘은 어떤 일이 있었는지, 얘기를 나누는 거야. 결혼 선배가 이런 말을 한 적이 있어. "회사는 내 노력을 배신할 때가 있지만 가정은 한 번도 내 노력을 배신한 적 없었다"라고.

전적으로 동의해.

우리 어렸을 때 봤던 만화 영화 〈고스트버스터즈〉 기억나? 거기에 초록색 유령 슬라이머가 나오잖아. 우리나라에서는 먹깨비로 더 유명하지. 엄마는 먹깨비를 볼 때마다 우리랑 닮았다고 하셨어. 먹성 좋고 유쾌하고, 어디든 철퍼덕 붙는 게 똑같다고 하셨지.

결혼하고 남편을 보는 느낌이 그랬어. 맛이 없어도 정성이 가득한 음식을 잘 먹어주니 고마웠고, 도란도란 얘기를 나눌 때 행복했고, 소파와 한 몸처럼 붙어 있을 때는 얄미웠어. 양말은 현관 옆에, 손수건은 식탁 위에 지나간 자리마다 본인의 흔적을 남겨둘 땐 "집안일을 덜어주지 않을 거면 더하지는 마!"라고 낮게 소리치곤 했다니깐.

그러면서 엄마 생각이 났지. 우리 엄만 결혼하면서 직장을 그만두셨잖아. 줄곧 전업주부로 지내시면서 집안일에 묵묵히 최선을 다하셨어. 화를 잘 내지 않는 분이신데 가끔 속사포처럼 화를 쏟아내시던 기억이 나. 주로 일요일이었어. 우리 삼 남매가 학교에 가지 않고 아빠도 집에 계셔서 우리에게는 '휴일'이지만 엄마는 '특근'을 하게 되는 날.

삼시 세끼 밥은 물론이고 간식까지 시시때때로 달라고 하고, "놀아달라", "어디 가자" 요구사항은 또 얼마나 많아. 결혼을 해 보니 집에 있으면 밥상 차리고 치우고 돌아서면 또 밥상 차릴 때야. 주말은 그것만으로 벅찬데 아이들은 지나다니는 곳마다 치울 거리를 남겨두고 남편은 소파에 붙박이 인형처럼 앉아서 입으로

"물 달라", "먹을 것 없냐?" 등의 주문만 하니 엄마가 힘에 부치지 않을 리가 없잖아. '분노 게이지'가 상승하다가 어느 순간 임계점에 달하면 폭발. 폭발한 엄마의 첫 문장은 늘 같았어.

"내가 이 집 하녀야? 다들 손발 없어?"

집안일이 힘든 이유 중 하나가 이거야. 집안일과 뒤치다꺼리가 섞인다는 것. 집안일과 뒤치다꺼리의 구분이 어렵다는 것.

한 온라인 게시판에 '남편은 집에 들어올 때마다 장미꽃 두 송이를 선물해 줘요'라는 게시물이 올라온 적이 있었어. 남편이 바지를 벗을 때 뱀 허물 벗듯 다리만 쏙 빼내니 벗은 바지가 늘 꽃 모양으로 구겨져 있다는 거야. '저렇게 벗어놓기도 힘든데 재주도 좋다'라고 생각했었는데 '우리 집에도 저 꽃 매일 핀다'라는 댓글이 줄줄이 달리더라. 최소한 네가 남겨둔 '꽃'을 아내가 치우는 일은 없어야 해. '꽃'을 치우는 건 집안일이 아니라 뒤치다꺼리야.

'집안일'과 '내 일'은 명확히 구분하자. 만약 내가 어렸을 때로 돌아간다면 내가 자고 일어난 잠자리는 내가 정리할 거야. 머리를 빗은 뒤 빠진 머리카락은 내가 치울 거야. 엄마를 덜 힘들게 하기 위해서가 아니라, 그건 내가 당연히 해야 하는 일이기 때문이야.

네가 설거지 담당이 아니더라도 식사를 끝내면 네 그릇은 네가 싱크대로 옮기렴. 벗은 옷은 아무 데나 던져 놓지 말고 빨래바구니에 넣어 두는 것도 기본이야.

'집안일'과 '내 일'을 어떻게 구분하냐고? 아내가 '당신이 집에 있으면 일이 더 많아져'라고 한다면, 네가 네 일을 집안일로 미루고 있다는 증거일 수 있어. 집안일을 보람찬 일로 만드느냐, 허

드렛일로 만드느냐는 온 가족의 태도에 달려 있어. 난 집안일이 가족 모두에게 보람찬 일이길 바라.

집안일 '계획'을 공유하라

얼마 전에 한 남자 후배와 점심을 먹는데 표정이 좋지 않더라. 무슨 일 있느냐고 물었더니 부부 싸움을 했대. 청소를 하기로 했는데 잠깐 쉬고 있으니 아내가 먼저 청소를 하더래. 그러면서 화를 내더라는 거야. "조금 있다 하려고 했는데 아내가 먼저 하면서 화를 내니 나도 화가 났다"고 하더라.

어떤 상황인지 눈앞에 그려졌어. 아내는 답답하고 남편은 억울했을 거야. 나랑 우리 남편도 그랬거든.

우리 집 설거지 담당은 남편이야. 그런데 신혼 초기에 남편이 점심 먹은 설거지를 해가 질 때까지 하지 않는 거야. 나는 싱크대에 쌓인 그릇들을 보면서 '이 남자가 설거지를 하겠다는 거야, 말겠다는 거야' 하고 속으로 씩씩댔지. 그러다 '이렇게 스트레스받느니 내가 해버리고 만다!'며 덜그럭덜그럭 설거지를 했어. 일종의 '무언 시위'였지.

TV를 보던 남편은 그제야 싱크대 옆으로 다가서서 "이 프로그램만 끝나면 하려고 했다"라고 하더라. 순간 힘이 쫙 빠졌어. 나 혼자 속앓이 했던 게 허무하기도 하고 화가 나기도 했어. 남편의 생각을 알았더라면 그러지 않았을 텐데, 괜한 신경전을 하며 에

너지만 낭비한 것도 속상했어.

네 담당인 집안일에 대해선 너도 계획이 있을 거야. 그 계획을 혼자 생각하지 말고 아내와 나눠. 부부의 대화는 많으면 많을수록 좋아. 주제를 불문하고 대화가 많은 부부는 사이가 좋아. 이야기를 나누면 짐작할 일이 줄어드니 불필요한 오해를 막을 수 있어.

그리고 계획할 때 아내의 의견을 들어봐. 내가 설거지를 늦게 하는 남편이 답답했던 건, 해가 지고 있으니 저녁 준비를 해야 하는데 싱크대에 그릇이 가득해서 요리를 할 수 없었기 때문이야. 요리 담당이 아닌 남편은 그걸 모르니 식사 전까지만 설거지를 하면 된다고 생각했지. 사실 설거지만 생각하면 저녁 먹고 한꺼번에 해도 문제없잖아? 그런데 식사 준비를 할 생각을 하면 달라지는 거지. 싱크대가 비어야 식사 준비를 할 수 있다고 얘기하니 남편은 그 뒤로 설거지 시간을 앞당겼어.

가사분담은 '합'을 맞추는 거라고 했잖아. 이렇게 상의하고 조율하며 서로 맞춰가는 것 같아.

아버지 세대와 비교하지 않기

너 얼마 전에 전화해서 "나는 집안일을 한다고 하는데, 아내가 불만이 많다"며 투덜거렸지? 그리고 우리 아버지 이야기를 꺼냈어. 아버지는 퇴근하고 집에 돌아오시면 TV를 보다 저녁상을 받고, 저녁을 다 드시면 다시 TV를 보시다 그 자리에서 잠드셨어. 엄마가 깨우면 침실로 자리만 옮겨 주무시고 말이야. 그런데 너는 일찍 퇴근하면 설거지도 하고 노력해도 아내에게 핀잔을 듣는 게 억울하다고 했지. 아버지에 비하면 집안일을 많이 하고 있으니까.

맞아. 요즘 남편들 과거에 비해 집안일 많이 해. 통계청 생활시간조사를 살펴보면 1999년에 남편들은 하루에 34분 가사노동을 했어. 2014년엔 16분 늘어나서 50분을 했지.

그런데 여기서 질문 하나. 1999년이랑 지금, 우리가 사는 세상은 똑같을까? 우리 부모님 세대만 해도 남자는 바깥일, 여자는 집안일로 역할을 구분했었어. 요즘은 맞벌이가 절반인 시대야. 시대가 바뀌었지. 더 이상 남자는 바깥일, 여자는 집안일로 역할을 구분하지 않아.

그런데도 넌 '바깥일' 담당이었던, 그래서 집에서는 손가락 하나 꿈쩍하지 않았던 아버지와 비교하며 '나는 우리 아버지보다 훨씬 좋은 남편'이라고 생각하고 있는 거야.

우리나라 남편들만 이렇게 생각하는 건 아닌 것 같아. 혹실드에 따르면 "육아나 집안일에 참여하지 않는 남자들은 자신의 아버지와 자신을 비교하며 집안에서 남자의 역할을 소극적으로 피력하는 경우가 많았다"라고 해. 아버지와 자신을 비교하며 집안일에 소극적인 것을 정당화한다는 거지. 잘못된 비교가 잘못된 억울함을 낳은 거야.

그러니 아버지와 너를 비교하지 마. 굳이 비교하고 싶다면 아내와 너를 비교하렴. 2014년 통계 결과를 다시 볼까? 아내들은 하루 259분을 가사노동에 쓴 반면 남편들은 50분을 썼을 뿐이야. 아내들이 하루 3시간하고도 29분을 남편들보다 가사노동을 더 많이 한 거지.

너희 부부가 외벌이라고 하더라도 집안일이 모두 아내의 몫은 아니야. 어렸을 때 엄마가 집안일을 하시다 가끔 눈을 감고 계셨던 기억이 나. 엄마한테 "졸려?"라고 물어보면 "아니, 눈을 감고 있어야 집안일이 보이지 않아"라고 하셨었어.

그땐 엄마의 농담이라고 생각했었는데 나도 살림을 해 보니 그 말이 이해되더라. 집안일은 해도 해도 끝이 없고, 세세한 것투성이라 일일이 나열하기도 어려워. 분명히 깔끔하게 청소를 했는데 돌아서면 머리카락이 떨어져 있어. 말 그대로 눈을 돌리는 곳마다 집안일이 보이지.

전업주부가 온종일 집에서 쉰다고? 아냐. 온종일 일터에 있는 거야. 아내에게 집은 일터이지만, 쉼터도 되어야 해. 집을 쉼터로 만드는 건 너에게 달렸어. 아내와 같이 움직이고 같이 쉬렴. 그게 같이 웃는 부부가 되는 지름길이야.

끝없는 집안일, 능동적으로 계획하기

형목-한솔 씨는 퇴근해 집에 돌아오면 손을 씻고 바로 집안 정리
에 나섭니다. 딱 15분이요. 아침에 정신없이 출근하느라 어질러
져 있던 집안을 그때 정리합니다. 그리고 잠자리에 들 때까지 다
시 손대지 않습니다.

형목 씨의 아이디어였습니다. 집안일을 압축적으로, 제한된
시간 안에 해 보자는 것이었습니다. 한솔 씨는 "15분으로 무얼 할
수 있겠냐?"며 회의적이었지만, 일단 한번 해 보기로 했습니다.
그리고 놀랐습니다. 15분으로 시간을 제한하니 집안일의 우선순
위가 보였습니다. 남편과 나란히 서서 집안을 '스캐닝'하고 지금
당장 두 사람의 손이 필요한 곳을 파악해 그것부터 처리했습니
다. 시간이 길지 않기에 몸도 빠르게 놀리게 되더랍니다. 15분 동
안 한 일은 평소에 1시간 동안 했던 일과 비슷한 양이었습니다.

마음도 편했습니다. 어수선한 거실에 앉아 있으면 집안일이
늘 신경 쓰였는데 퇴근하자마자 집안을 정리했으니 그날의 할 일
을 끝내고 정돈된 집에서 진짜 휴식을 취할 수 있어 좋다고 했습
니다.

반대로 성재-예원 씨는 집안일을 일주일 단위로 접근합니다.

'집안일 1·2·3 법칙'을 세운 것인데요. 두 사람은 요리는 하루에 한 번, 청소는 일주일에 두 번, 빨래는 일주일에 세 번 한다고 합니다. 구체적으로는 요리는 저녁에 한 번, 청소는 화요일과 토요일, 빨래는 수요일과 금요일, 일요일에 합니다.

결혼할 때만 해도 두 사람은 '더러우면 청소하고 세탁함이 꽉 차면 빨래하자'라고 약속했습니다. 집안일을 최소화하는 게 두 사람의 목표였습니다. 그래서 기준을 느슨하게 정했는데, 이 기준이 오히려 집안일을 어렵게 만들었습니다. 집은 볼 때마다 더러웠고, 세탁함이 언제 다 차나 자꾸 확인하게 됐습니다. 집안일을 덜 해보자는 시도가 오히려 집안일을 늘 신경 쓰게 만들었습니다.

그래서 주간단위로 집안일을 계획하기로 했습니다. 집안일을 크게 나누면 요리 및 설거지, 청소, 빨래입니다. 집안일을 세 카테고리로 나눠 요일별로 하나씩 집중하기로 했습니다. 화요일은 청소만, 수요일은 빨래만 합니다. 나머지 집안일은 잊습니다. 집이 더러워서 '청소를 해야 하나' 싶을 때도 '내일 화요일이잖아. 내일 하면 되지'라고 생각합니다. 주간 단위로 집안일을 계획하니 하루 단위로 계획할 때보다 큰 그림을 그릴 수 있습니다. 특히 두 사람은 야근이 잦은 편이라 집안일을 주말에 몰아서 하는 게 큰 도움이 됐습니다. 평일에는 퇴근해서 돌아오면 집안일을 할 시간도 없을뿐더러 체력적으로 힘듭니다. 미리 할 수 있는 집안일, 미룰 수 있는 집안일은 주말에 하고 평일에는 가급적 간단한 집안일만 합니다.

세미-준승 씨 부부도 비슷합니다. 두 사람은 집안일을 가급적 주말에만 하기로 했습니다. 평일에는 무선청소기로 눈에 보이는 먼지만 빨아들입니다. 빨래도 마찬가지입니다. 속옷, 러닝셔츠, 양말 등을 7벌씩 구비하니 주말에만 빨래를 해도 큰 문제가 없습니다. 요리도 주말 위주로 합니다. 주말에는 평일 내내 먹을 수 있는 밑반찬을 만듭니다. 시금치된장국, 황태해장국 등을 넉넉히 끓여 한 끼에 먹을 만큼만 소분해 냉동합니다. 평일에는 메인 요리만 해도 풍성하게 식탁을 차릴 수 있습니다.

실천하기

솔루션에 나온 사례처럼 하루에 15분씩 어떤 청소를 할지 혹은 청소는 일주일에 2번, 빨래는 일주일에 3번 나누어 할지 등을 상의 후 주간 계획을 세워보세요.

	월	화	수	목	금	토	일
요리							
청소							
빨래							

일거양득 살림법

세현-종규 씨 부부는 살림살이를 구입할 때마다 "그리고 또?"라고 묻습니다. 살림이 늘어나면 관리할 것도 늘어나니 하나의 용도로만 쓰이는 것은 가급적 구입하지 않으려는 것입니다.

집안일을 할 때도 마찬가지입니다. 기왕이면 동시에 두 가지를 할 수 있는 방법을 찾습니다. '멀티태스킹'으로 집안일의 효율을 높이려는 것이죠. 요리 담당인 세현 씨는 메뉴를 정할 때 주재료 하나로 두 가지 메뉴를 생각합니다.

가령 저녁 메뉴가 김치찜이라면 다음 날 아침 메뉴는 김치계란말이입니다. 김치를 한 번 꺼내 계란말이를 하고 김치찜에도 넣는 것이죠. 같은 재료를 두 번 활용하니 요리도 동시에 할 수 있습니다. 아침에 김치를 꺼내 프라이팬에는 김치계란말이를 하고 냄비에는 김치찜을 요리하는 것이죠. 아침을 먹을 동안 김치찜을 한 번 끓여놓고 퇴근하고 돌아와 한 번 더 끓여서 먹는 식입니다. 저녁에 된장찌개를 먹기로 했다면 아침에는 간단하게 두부구이를 합니다.

반대로 저녁 메뉴를 넉넉히 준비했다가 다음 날 아침에 한 번 더 먹기도 하지만 이렇게 하면 아침부터 냄비 설거지가 나올 때가 많아 전자를 추천한다고 하네요.

세현 씨는 냉장고도 다소 독특한 기준으로 정리합니다. 일반적으로 보통의 가정에서는 냉장고 선반에 과일이면 과일, 채소면 채소, 양념장은 양념장 등 비슷한 제품들끼리 모아둡니다. 하지만 세현 씨는 유통기한별로 모아둡니다. 유통기한이 긴 양념장 등을 제외하고는 그 주에 장을 본 물건들은 가급적 같은 선반에 넣어둡니다. 정리하기도 간편하고 매주 사 온 물품들이 한눈에 보이니 '소모 계획'을 세우는 데도 도움이 된다고 합니다.

빨래 담당인 종규 씨는 빨래가 끝나면 옷걸이부터 챙깁니다. 바지나 티셔츠 등 부피가 큰 것들은 탁탁 털어 옷걸이에 걸어 말립니다. 마르면 접을 필요 없이 바로 옷장에 걸어놓는 것이죠. 옷걸이에 걸어서 말리면 주름도 펴져 다림질을 할 필요가 없습니다.

또 종규 씨는 매일 아침 샤워를 하면서 샤워볼로 몸에 비누칠을 한 뒤 거울과 벽을 닦는다고 했습니다. 매일 2, 3분을 투자하면 화장실 청소를 할 시간을 따로 내지 않아도 되고 샤워볼의 남은 비누도 활용할 수 있어 경제적이기도 합니다.

또 몸을 닦은 수건으로는 거실의 전신거울과 유리창을 닦기도 한답니다. 젖은 수건으로 거울을 닦으면 입김을 불지 않아도 깨끗이 닦입니다. 주변에서는 몸을 닦는 수건인데 유리창을 닦는 건 더럽지 않으냐고 묻지만, 매일 닦으면 그렇게 더럽지도 않습니다.

비슷한 맥락에서 할 일을 미루지 않는 것도 집안일을 효율적으로 하는 방법입니다. 종규 씨처럼 매일 샤워를 할 때마다 화장실 청소를 하면 묵은 때가 생기지 않습니다. 냉장고에서 요리할 재료를 꺼낼 때 다른 재료들의 상태를 한 번씩 확인하면 짓무른 채소가 곤죽이 되어 냉장고 청소를 해야 하는 일도 방지할 수 있습니다. 물티슈를 쓰고 버리기 전 손에 닿는 만큼 바닥을 닦으면 물걸레질할 시간을 따로 내지 않아도 됩니다.

집안일, 효율성을 생각하면 짧고 굵게 끝낼 수 있습니다.

살림 노하우

욕실 편	
1. 샤워 하고 거울 닦기	아침에 샤워를 한 뒤 몸을 닦은 수건으로 화장실 거울을 한 번 닦아줍니다. 그리고 세탁실로 가기 전까지 동선 안에 있는 거울들을 모두 닦아줍니다. 물기가 적당히 있어 거울을 닦으면 아주 잘 닦이죠. 따로 시간 내서 거울을 닦지 말고 샤워 후 수건을 활용해 보세요.
2. 치약으로 물때 제거 하기	세면대나 샤워기에 물때가 생겼을 때는 못쓰게 된 칫솔에 치약을 묻혀 닦아주세요. 물을 사용하지 않고 꼼꼼하게 닦으면 치약의 연마제 성분으로 인해 녹이나 물때가 잘 지워진답니다. 매일 닦지는 못해도 가끔씩 치약으로 청소를 해 주세요. 수전이 깨끗하면 화장실 전체 느낌도 확 달라지니까요.
3. 린스 하나로 욕실 청소 끝내기	욕실 청소를 위해 여러 가지 청소 용품을 구매하는데요. 그럴 필요 없이 린스 하나로 욕실 청소를 할 수 있답니다. 젖은 걸레에 린스를 묻혀 욕실을 닦아주세요. 그리고 마른걸레를 이용하여 한 번 더 닦아주세요. 린스에는 세제의 주요 성분인 계면활성제가 포함되어 있어 청소에 딱 좋아요. 또 정전기를 방지하는 성분도 포함되어 있어 린스로 벽을 닦으면 먼지가 달라붙는 것을 방지할 수도 있어요.
주방 편	
1. 식기 사용은 줄이고, 같은 모양으로	밥을 먹을 때 가급적 그릇을 적게 사용하세요. 국을 먹지 않는 날이면 개인당 접시 하나씩만 사용해 보세요. 접시에 밥과 반찬을 조금씩 덜어 먹으면 버리는 음식물도 줄어들고 무엇보다 설거지가 정말 편해진답니다. 그리고 같은 모양의 접시 위주로 쓰면 식기세척기를 사용할 때도 효율적이랍니다.

2. **커피** **찌꺼기로** **반찬통** **냄새 잡기**	젓갈, 김치처럼 냄새가 강한 반찬을 담았던 통은 아무리 씻어도 냄새가 그대로 남아 있는 경우가 많은데요. 원두커피 찌꺼기와 물을 조금 넣고 잘 섞이도록 흔든 후 10~15분 정도 그대로 두세요. 그리고 찌꺼기를 버리고 세제로 닦으면 반찬 냄새가 사라진답니다.
3. **달걀찜** **뚝배기는** **페트병** **뚜껑으로** **설거지하기**	달걀찜을 뚝배기에 만들면 굉장히 맛있지만 뒷정리가 항상 귀찮은데요. 계란이 곳곳에 붙어 잘 떨어지지 않기 때문이죠. 페트병 뚜껑 하나만 있으면 물에 장시간 불리거나 철수세미로 팍팍 밀지 않으셔도 된답니다. 페트병 뚜껑으로 붙어 있는 계란을 1차로 긁어내고 난 후 수세미를 이용하여 살살 문질러 씻어주세요.
거실 편

1. **제자리** **유지하기**	물건의 자리를 정해두고 가급적 지켜주세요. 특히 외투나 가방, 머플러는 소파에 벗어두기 쉬운데, 이런 경우 한 번 더 정리를 하게 된답니다. 외출했다가 돌아오면 꼭 제자리에 두는 습관을 들이는 것만으로도 거실을 깨끗하게 유지할 수 있어요.
2. **휴지통엔** **종량제** **봉투** **씌우기**	휴지통을 쓰다보면 쓰레기를 다시 종량제 봉투에 담는 것이 일이더라고요. 그렇다고 거실에 종량제 봉투를 두고 쓰기도 이상하고요. 그럴 땐 휴지통에 종량제 봉투를 씌어 보세요. 물론 휴지통에 씌우면 종량제 봉투가 빵빵하게 채워지지 않지만, 쓰레기통을 매번 청소하지 않아도 된다는 엄청난 장점이 있습니다.
3. **바닥에** **물건** **두지** **않기**	거실이 지저분해 보이는 가장 큰 이유는 바로 바닥에 물건들이 흩어져 있기 때문이죠. 사실 바닥에 물건을 두지 않는 습관을 만드는 게 가장 좋은 방법이지만 어렵다면 수납 방법을 한번 바꿔보세요. 예쁜 바구니나 용기를 이용하여 정리 정돈하면 거실을 항상 깨끗하게 유지할 수 있답니다.

침실 편	
1. **침대 밑 공간 활용 하기**	침대는 침실에서 가용면적이 가장 큰 가구죠. 침대와 바닥 사이의 공간 전체를 수납공간으로 활용한다면 많은 물건을 수납할 수 있답니다. 요즘은 수납 기능이 있는 침대 프레임도 많고요. 그렇지 않은 침대라면 수납 상자를 이용하여 정리 후 침대 밑에 보관해 보세요. 깔끔하게 침실을 정리 정돈할 수 있답니다.
2. **매트리스 청소하기**	매트리스는 통째로 세탁을 할 수 없으니 보호 패드를 씌워주면 관리가 편해져요. 또한 헤파 필터가 장착된 진공청소기가 있다면 일주일에 한 번 정도 청소해 주는 것도 좋답니다. 일반 청소기로 할 경우에는 고무장갑을 끼고 침대 위에 굵은 소금을 뿌린 다음 문질러주면 소금 알갱이에 진드기와 각종 먼지가 달라붙어요. 청소기로 빨아들이면 끝! 생각보다 간단하게 매트리스를 청소할 수 있답니다.

집안일에도
'수습 기간'이 필요하다

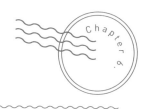

동생 부부에게

결혼한 후에야 보이는 것들

'집안일을 꼭 같이 해야 한다. 집안일은 여자의 일만이 아니다. 부부의 일이고 사람이라면 익혀야 할 삶의 기술이다…'

참 길고 자세히 이야기했지? 그런데 너희 부부는 고개를 끄덕이며 들었다기보다는 왜 이렇게 집안일에 열을 올리며 이야기를 하나 싶었을 거야. 신혼 초기에 나도 그랬었거든. 결혼을 먼저 한 선배들이 가사분담을 해야 한다고 했을 때 귓등으로 들었었어.

사실 결혼하기 전에 남편과 카페에 앉아 집안일을 나누기도 했었어.

"맛있는 거 많이 해 주고 싶으니 요리는 내가 할게."

"그럼 설거지는 내가 해야겠다. 빨래도 내가 할까?"

"그래. 난 청소 할게."

결혼을 먼저 한 지인들은 집안일 때문에 다툰다던데 우리는 딱 세 문장으로 간단하고 평화롭게 가사분담을 했으니 역시 우리 부부는 완벽하다고 우쭐했었어.

결혼해서도 크게 다르지 않았어. 청소는 주말에만 해도 깨끗하고 빨래도 일주일에 두 번이면 충분했어. 앞치마를 두르고 탁탁 도마질을 하고 있으면 콧노래가 절로 나왔는걸. 말 그대로 소꿉놀이 같았지. 자고 일어나서 침대를 정리하고 환기를 시키려고 창문을 열 때는 내가 생각했던 집안일이 빙산의 일각이었구나 싶었지만, 그렇다고 크게 부담이 되는 건 아니었어. 집안일을 두고 남편과 신경전을 벌여도 싸움이라기보다는 티격태격에 가까웠지.

집안일이 본격적으로 문제가 된 건 아이가 태어나고 나서였어. 아이가 태어나자 갑자기 집안일이 뻥튀기 기계에 튀겨진 것처럼 10배 정도 늘더라. 빨랫감이 별로 없어서 쌓이길 기다렸다가 빨았었는데 아이가 태어나니 하루에도 세 번은 세탁기를 돌려. 방금 청소하고 돌아섰는데도 먼지가 떨어져 있으니 아이한테 안 좋을까봐 또 청소를 하지. 집안 곳곳에 물티슈를 두고 온종일 쓸고 닦아. 그런데 집안일만 하는 게 아니잖아. 아이를 어르고 달래다가 잠시 바닥에 뉘어 놓으면 등에 감지기가 달렸는지 바로 '앵' 하고 울음을 터뜨려. '고양이 손이라도 빌리고 싶다'라는 일본 속담이 있잖아. 딱 그 심정이었어.

손을 보탤 사람은 남편이 유일한데 남편이 집안일에 서툰 거야. 그동안 내가 집안일을 더 많이 해왔거든. 나는 집안일을 어떻게 해야 하는지, 살림살이는 어디 있는지 눈에 훤한데 남편은 그렇지 않으니 무얼 하나 할 때도 "어떻게 해야 해?, 어디 있어?" 하고 물었어.

허둥지둥하는 남편을 보며 그때 처음으로 후회했어. 집안일을 같이 할걸. 할 만하다고 나 혼자 하지 말걸….

나뿐만이 아니야. 대부분의 부부가 아이가 태어나면 집안일을 두고 싸움이 잦아져. 집안일에 육아가 겹치며 과부하가 걸리는 거지. 그제야 남편이 집안일에 나서지만 익숙해지는데 시간이 걸려. 지켜보던 아내는 답답한 마음에 "내가 하는 게 빠르다"며 남편에게 비키라고 해. 힘을 합쳐야 할 시기에 분란만 생기는 거야.

그래서 결혼하는 후배들에게 이 말을 꼭 하곤 해. 신혼에는 가사분담을 하지 말라고. 오해는 하지 마. '당분간' 하지 말라는 거니까.

집안일, 나누기 전에 같이 해 보기

보통 회사에 막 들어온 사원들은 수습 기간을 거쳐. 이제 막 입사한 만큼 회사가 어떻게 돌아가는지 전반적인 구조를 익히는 거지.

집안일도 마찬가지인 것 같아. 수습 기간이 필요해. 결혼을 해서 집안일이 익숙하지 않을 땐 같이하고 같이 헤매면서 같이 집안일을 익혀가는 거야.

그러다가 마음 급한 사람이 혼자 집안일을 하게 되는 거 아니냐고? 물론 집안일을 명확히 나누지 않으면 내 몫의 일이 없으니 집안일에서 한 발 빼기 쉬운 것도 사실이야. 하지만 그 정도 게으름은 '집안일 타임'으로 방지할 수 있으니 마음 놓으렴.

집안일을 나누는 대신 '주말 오후 2시~5시는 집안일 하기' 이런 식으로 집안일을 하는 시간을 정해 봐. 이 시간은 무조건 집안일을 해야 하니 뭘 해야 할지, 뭐부터 해야 할지, 어떤 순서로 할지 상의하면서 하게 될 거야. 내가 맡은 몫의 일을 넘어 집안일 전체를 보는 눈도 생기지.

집안일을 두루두루 하다보면 나에게 잘 맞는 것도 찾을 수 있어. 결혼하기 전엔 내가 빨래를 담당하겠다고 했었어. 그런데 막상 해 보니 빨래보다는 청소가 내 취향이더라. 구석구석 남들 눈에 보이지 않는 먼지를 닦아내면 덩달아 묵은 스트레스도 닦이는 것 같았어. 그래서 청소, 그중에서도 걸레질은 내가 주로 하는 편이야. 빨래가 싫다던 남편은 빨랫감을 분류하는 재미가 쏠쏠하다며 빨래를 담당하지.

사실 집안일은 단순 반복적이고 노동 집약적인 성격이 강해. 그리고 눈에 보이는 일이 아니라서 해 본 사람에게만 보여. 하지만 끝이 명확하고 성과물이 눈에 보이니 하는 맛이 나기도 해. 결국 집안을 가꾸고 꾸미는 거잖아. 오밀조밀한 재미가 있는 것도 사실이야. 그리고 그 오밀조밀한 재미는 같이 할 때 더 커지는 것 같아. 집안일을 하기 전에 같이 '배경 음악'을 골라봐. 우리 부부는 주로 영화 〈인디아나 존스〉 OST를 틀고 청소를 해. 꼭 집안일이 정글을 탐험하는 것 같아져.

해 봐야 안다고들 하잖아. 집안일만큼 이 말이 어울리는 것도 없는 것 같아. 혹시 지금 옆에 결혼한 친구가 있다면 집안일이 뭐라고 생각하는지 물어볼래?

일반적으로 남자들은 설거지, 청소, 빨래, 재활용하기, 음식물 쓰레기 버리기 등 하나하나 쉽게 열거해. 여자들은 '음…' 하고 한참 생각하지. 그리고 되물어. "뭐부터 말해야 하죠?" 여자들이 집안일의 전반적인 부분을 조율하고 남자들이 그중 일부를 담당하면서 생기는 이해의 차이가 아닐까?

그러니 집안일이 부부 모두의 몸에 밸 때까지는 분담하지 말고 같이 해. 남편도 아내도 집안일의 주 책임자가 될 수 있어야 해. 그래야 집안일을 알게 되고 그래야 집안일을 하는 수고에 진심으로 감사할 수 있어. 집안일이 쉽다고 생각하는 사람들, 집안일을 평가 절하하는 사람들의 대부분은 집안일을 안 해 봤거나 일부를 두고 전부라고 착각하고 있는 경우가 많아.

일본 가나자와시가 공개한
'공평한 가사분담을 위한 체크리스트'

청소

욕조 청소
화장실 청소
현관 청소
부엌 청소
청소기 쓰레기 종이팩 교환
바닥/유리/거울 닦기
물건 정리하기
청소기 돌리기
쓰레기 분리수거하기
분리수거일에 쓰레기 버리기
쓰레기봉투 새로 갈기
정원에 풀 뽑기

요리

요리 메뉴 생각하기
조미료 보충 및 교환하기
요리하기
식탁 닦기
먹고 남긴 음식을 치우기
식기 정리하기
빈 잔 치우기
장 보기
장 본 물건 정리하기
식사 후 식기를 부엌으로 가져가기
설거지하기
냉장고 정리하기

세탁

뒤집어진 세탁물 확인하기
세탁물 분리하기
세탁기 돌리기
세탁물 널기
세탁물 걷어서 개기
세탁기의 필터 청소하기
세제 보충하기
더러워진 수건 갈기
다리미질하기
널브러져 있는 옷들 정리하기
침대 이불 가지런히 정리하기
세탁소에 맡기기

기타

현관 신발 정리하기
신발장 신발 정리하기
아침, 저녁신문 가지러 가기
우편물 체크 및 폐기
반려동물이나 식물 돌보기
전구 갈기
가계부 쓰기
친척하고 연락하기
마을 행사 참가하기
통장 체크하기
샴푸 등 채우거나 새로 갈기

집안일 기준 같이 정하기

집안일을 같이하면서 너희 부부만의 집안일의 기준도 만들어 봐.

신혼 초기에 남편과 집안일을 두고 '밀당'을 했었어. "청소 당신이 할래? 내가 할까?" 하고 물으면 남편은 "안 해도 될 것 같은데? 꼭 해야 해?"라고 되묻는 거야. (물론 남편이 청소를 하자고 하고 아내가 "깨끗한데?"라고 할 수도 있어. 우리 집이 그랬다는 거야.)

처음엔 남편이 청소를 하기 싫어서 핑계를 대는 줄 알았어. 그런데 아니더라. 남편 눈에는 이 집이 정말 깨끗해 보이는 거였어. 난 집이 더러워 보여서 청소를 하자는 건데 남편이 보기에는 더럽지 않으니 왜 해야 하는지부터 의문인 거지.

한마디로 '동상이몽'이었던 거야. 똑같은 상황을 두고 기준이 다르니 서로 흡족한 답이 나오지 않아. 나는 남편이 집안일을 하지 않아서 불만, 남편은 괜한 일을 만들어 하는 것 같은 내가 불만. 서로 불만만 쌓였던 것 같아. 곰곰이 생각해 보면 매번 그랬어. 집안일을 두고 다툴 때는 '누가'보다는 '왜'가 원인인 경우가 많았어.

그러니 명확한 기준이 있어야 해. 이 일을 해야 할지, 말아야 할지에 대한 합의가 되어야 누가 할지도 쉽게 정할 수 있어.

'이 정도 더러우면 청소하자'에 대한 기준을 정해 봐. 우리 집은 남편 눈에도 더러우면 청소를 해. 남편도 더럽다고 인정한 이상 청소를 할 때는 아주 적극적으로 해. 청소를 하네 마네 언쟁이 사라진 건 두말할 필요 없어.

'빨래는 일주일에 두 번', '음식물 쓰레기는 아침에 출근할 때마다' 등 전반적인 규칙을 정해서 눈에 잘 보이는 곳에 붙이면 가사분담에 도움이 될 거야.

중요한 건 혼자가 아니라 같이, 충분히 상의해서 정하는 거야. 같이 정한 규칙이어야 그 규칙을 지키려는 노력도 같이하게 돼. 같이 정했는데 규칙을 지키지 않으면 '정당하게' 화도 내기 쉬워!

"여보 우리 빨래하자"라고 하면 꽁무니를 빼기 바빴던 남편이 빨래하는 날을 같이 정한 뒤엔 달라졌어. "우리 빨래하는 날이지?"라고 먼저 묻고 움직인다니깐. 같이 정한 규칙이기에 남편도 나도 지키려고 노력하는 것 같아. 같이 지키니 자연스럽게 싸울 일도 줄어들고 말이야.

완벽함보다는 편안한 집 만들기

그런데 기준을 정할 때는 조금 느슨해지는 걸 추천해.

인정하자. 우리 모두 힘들어. 한쪽이 더 혹은 덜 힘들 수 있지만 요즘 부부들, 둘 다 힘들어. 경제협력개발기구OECD 회원국 중 최장 근로시간 국가의 국민으로 사는 것도 쉽지 않고 아이에게 최대한의 사랑을 쏟아주는 '집중 육아' 시대의 부모로 사는 것도 쉽지 않아. 그러니 가급적 둘 다 덜 힘든 방법을 찾아야 해.

주말에 친정에 가면 집에 오기 전에 걸레질을 해. 엄마 아빠만 살아서 깨끗한 집에 손주들이 찾아와 온 집안을 헤집어 놓았으니 걸레질이라도 하고 와야 덜 죄송하거든. 그리고 내가 안 하면 엄마가 쪼그리고 앉아서 할 테니, 그럼 엄마 무릎이 아프잖아.

그런데 걸레질을 하고 있으니 엄마가 깨끗하니 하지 말라고 하는 거야. 우리 엄마 그런 분 아니거든. 속옷도 다림질하는 게 우리 엄마야. 그런데 이렇게 말씀하시더라.

"어느 날 청소를 하는데 내가 그동안 집을 너무 깨끗하게 관리하려고 했다는 생각이 들더라. 가족이 부대끼고 쉬는 데 불편하지 않은 정도만 집안일을 해도 되지 않을까? 그래서 이제 한눈 감고 집안일을 보려고 해."

그리고 우리 부부에게도 '한눈 감고 집안일 보기'를 권하셨어. 나도 노력 중인 부분이야. 우리가 사는 집, 우리가 불편하지 않고 우리가 즐거우면 그걸로 충분한 것 같아. 거실에 먼지 좀 굴러다니면 어때? 깨끗하고 위생적인 환경이 오히려 면역 체계를 약하게 만들어 알레르기를 증가시킨다는 '위생가설'도 있어. 호텔식으로 수건을 접어두지 않으면 어때? 우리 집은 호텔이 아니잖아.

우리 집에는 '우리 집에 손님 안 온다'라는 암호가 있어. 집안일이 과하다 싶을 때 쓰는 일종의 브레이크야. 가령 집이 그리 더럽지 않은데 청소를 하자고 하면 남편이 나한테 "우리 집에 손님 와?"라고 물어. 그 말을 들으면 갑자기 긴장이 탁 풀리며 '그래. 다음에 하자' 하고 생각할 때가 많아. 너저분한 집안을 꾹 참으라는 건 아니야. 그렇게까지 깨끗하게 관리하지 않아도 마음 편히 즐기고 쉴 수 있는 정도면 충분하다는 거지.

그리고 우리 부부가 쓰는 방법 중 하나인데 '엉망진창 구역'을 만드는 것도 재밌고 도움이 되더라. 집안의 특정 구역을 의식적으로 방치하는 건데 치우긴 해야 하는데 시간은 없고, 그런데 한 눈을 감아도 스트레스가 될 때 도움이 돼.

우리 집의 '엉망진창 구역'은 서재야. 눈에 보이는 물건들을 일단 서재에 모두 넣고 문을 닫아 놔. 정리할 여유가 생길 때까진 문을 열지 않는 거야. 웃긴다고? 그래, 웃어. 웃자고 만든 구역이니까. 집안일이라고 꼭 진지해야 하나? 같이 웃으며 나눌 수 있으면 그게 최고의 가사분담이지 않을까?

진정한 가사분담, '감사'를 나누는 것

가사분담은 일을 나누는 것이 아니라 '합'을 맞추는 거라고 했잖아. 혹실드도 집안일을 두고 부부 싸움을 할 때 "단순히 누가 무엇을 할 것인가를 놓고 싸우는 일은 드물다"라고 했어. 오히려 "부부가 서로 감사를 주고받는 일" 때문에 싸우는 경우가 많다는 거야.

언젠가 남편이 퇴근하고 집에 왔을 때 "식탁 치워"라는 말을 하지 말아 달라고 하더라. 응? 무슨 말인가 했어. 퇴근 후 저녁 시간은 가장 바쁜 시간이야. 저녁을 준비하고, 차리고, 먹고, 정리만 해도 2시간은 훌쩍 지나가지. 그런데 집에 아무리 일찍 도착해도 7시 반이니까. 저녁을 먹고 나면 10시는 금방 되는 거야. 그러다 보니 퇴근하면서부터 마음이 바빠. 집에 도착하자마자 냄비에 불부터 올리고 손을 씻고 옷을 갈아입지. 한창 저녁을 준비하고 있으면 남편이 퇴근을 해. 그럼 나는 "왔어? 식탁 치워. 저녁 먹자"

라고 하지.

가사분담으로 치면 우리 집은 '요리는 나, 식탁 차리기는 남편, 먹고 뒷정리는 같이, 설거지는 남편' 이렇게 역할 분담이 되어 있어. 나는 요리를 하고 있으니, 남편한테 본인의 몫인 식탁을 차리라고 한 건데 왜 그 말을 하지 말라고 하는 건지 의아했어.

그런데 남편이 그러더라. 집에 오면 숨을 돌릴 시간이 필요하다고. 그리고 남편도 나도 온종일 각자의 위치에서 최선을 다한 만큼 서로 수고했다는 감정을 나누고 싶다고. 아차 싶었어. 너무도 맞는 말이었으니까.

가끔 결혼 선배들이 가사분담에 대해 이런 조언을 할 때가 있어. "당연히 해야 할 일을 한 것뿐이다. 고맙다는 말을 하지 말아라." 어떤 뜻인지는 알겠는데, 서로에게 좋은 영향을 끼치는 것 같지는 않아. 당연히 해야 할 일이지만, 그래도 고마운 건 고마운 거잖아. 요리를 식탁 위에 올려뒀을 때 남편이 "우와, 고마워. 잘 먹을게"라고 하면 '이 사람이 내 수고를 알아주는구나' 하고 마음이 따뜻해져. 그래서 그 뒤로는 남편이 퇴근하고 돌아오면 "식탁 차려" 대신 "오늘도 수고했어", "당신도 수고했어"라고 말하며 포옹부터 나누곤 해.

집안일은 대표적인 무급 노동이야. 아무리 열심히 해도 상을 주는 사람이 없고 월급이 나오지도 않아. 누가 알아주는 것도 아니야. 그럴수록 같은 공간에 살고 있는 남편과 나, 우리 가족이 알아주고 고맙다고 표현해야 하는 것 같아.

집안일의 숨은 패턴 찾기

지원-은우 씨 부부는 지난해 결혼한 신혼부부입니다. 두 사람은 결혼을 하고 가장 크게 달라진 점으로 챙겨야 할 친·인척이 두 배가 된 것을 꼽습니다. 양가 부모님, 형제자매, 조카들의 생일, 제사 등 기념일을 달력에 적었더니 두 달에 한 번은 행사가 있습니다. 그리고 챙겨야 할 사람들만큼이나 챙겨야 할 물건도 늘었습니다.

지원 씨도 은우 씨도 결혼하기 전까지 부모님과 함께 살았습니다. 살림살이에 신경 쓸 일이 없었죠. 결혼하고 나니 칫솔, 비누, 휴지 등 집안의 물건 하나하나가 챙겨야 하는 것들입니다.

휴지가 떨어져서 창고에 가면 텅 비어있습니다. 분명히 남아있었던 것 같은데 없습니다. 주말에 자전거를 타러 나갈 때면 가방에 생수 두 병을 넣고 출발하는데 냉장고를 열어보면 생수가 없는 날도 많습니다. 서로 챙기지 않은 탓입니다.

그래서 냉장고 앞에 빈 종이를 붙이고 '살 것 목록'이라고 맨 위에 적었습니다. 마지막 물건을 꺼낸 사람이 메모하기로 했습니다. 휴지, 물티슈, 생수, 생리대, 칫솔, 치약, 비누, 주방세제, 전등 등 소모품이 대부분입니다. 주말이면 이 종이를 떼어 마트에 갑니다. 문제는 생수나 휴지 등은 부피가 크거나 무겁다는 것. 자가용이 없으면 장 본 물건을 옮기기 쉽지 않습니다.

한 지인이 인터넷 쇼핑몰의 '정기 배송' 서비스를 추천했습니다. 말 그대로 지정한 물품을 정기적으로 배송해 주는 서비스입니다. 지인은 "소비패턴이 비슷한 물건을 정기 배송으로 신청하면 창고에 덜 들락거려도 된다"라고 했습니다. 떨어질 때에 맞춰 주문을 해놨으니 알아서 배송되기 때문이죠.

결혼하고 일 년 정도가 지나자 생필품이 떨어지는 주기도 보이던 참입니다. 생수는 한 달, 휴지는 두 달, 물티슈도 두 달 꼴로 떨어집니다. 몇 가지를 모아 두 달 주기로 정기 배송 서비스를 신청했습니다.

이용해 보니 기대보다 편했습니다. 다 쓰기도 전에 또 배달이 오면 짐이 될까봐 걱정했는데 정기 배송 3일 전에 문자가 옵니다. 여유분이 있으면 배송일을 다시 지정하면 됩니다. 정기 배송을 받는 물건은 추가 할인 혜택도 있어서 경제적입니다.

지원-은우 씨는 집안일의 '숨은 패턴'을 더 찾아보기로 했습니다. 식사 메뉴에도 패턴이 있었습니다. 지난 2주간 저녁 메뉴를 떠올리니 된장찌개, 김치찜, 생선구이, 제육볶음, 불고기, 닭볶음탕 정도입니다. 매일 이 중에서 '어제 뭐 먹었더라? 그제는 뭐 먹었지?', '냉장고에 뭐가 있지?'를 떠올리며 정합니다. 고민해도 결론은 이 목록 안에 있으니 평일에는 아예 순서대로 돌리기로 했습니다. 새로운 메뉴가 먹고 싶으면 '특식' 정도의 느낌으로 준비합니다. 지원 씨는 "매일 아침을 먹으며 점심, 점심을 먹으며 저녁, 저녁을 먹으며 다음 날 아침 메뉴를 고민했는데 식단표를 만들고 나니 마음이 한결 가볍다"라고 했습니다.

집안일은 '뫼비우스의 띠'와 같다고 합니다. 시작과 끝을 알 수 없기 때문입니다. 패턴을 찾으면 뫼비우스의 띠를 끊을 수 있습니다.

살림 노하우

편리한 정기 배송 서비스

번번이 주문하지 않아도 때가 되면 알아서 배송해 주는 정기 배송이 진화하고 있답니다. 예전에는 생수 정도가 대표적이었다면 요즘은 반찬, 과일, 도시락까지 상품 종류가 점점 많아지고 있습니다.

더반찬 (국과 반찬 배송)
http://www.thebanchan.co.kr

잇츠온 (주문 후 요리한 음식 배송)
http://www.hyfresh.co.kr

아워홈몰 (생수, 국·탕·찌개류, 반찬류, 김치)
http://mall.ourhome.co.kr

돌리버리 (매주, 격주, 매달 다양한 과일 박스)
http://www.dolemarket.co.kr/

배민찬 (국과 반찬 그리고 요리사가 개발한 요리법과 식재료가 담긴 쿠킹 박스)
https://www.baeminchan.com

굽네몰 (닭가슴살 정기 배송)
http://www.goobnemall.com

잇슬림 (풀무원의 다이어트 도시락)
http://www.eatsslim.co.kr

꼭 우리가 해? 현명한 '외주'의 법칙

두 달 뒤 부모가 되는 진성-은재 씨 부부는 요즘 배냇저고리, 기저귀, 아기 이불, 젖병 등 아기 용품을 마련하느라 정신이 없습니다. 그리고 마지막으로 빨래건조기를 두고 고민 중입니다. 얼마 전 만난 '선배 엄마'가 아이가 태어나면 하루에도 두 번씩은 세탁기를 돌리게 된다며 빨래건조기를 사라고 추천했거든요. 솔깃해 알아보니 가격이 만만치 않았습니다. 가격 때문에 망설여진다는 말에 선배는 "빨래를 널고 개는 노동력을 아끼기 위한 투자라고 생각하라"고 했습니다.

요즘같이 바쁜 세상에서는 돈 만큼이나 시간관리가 중요합니다. 특히 부모들은 육아와 일을 병행하느라 시간 부족에 시달리고 있죠. 미국 국립과학재단의 조사결과 6세 미만 자녀를 둔 엄마들 가운데 여가가 있느냐는 질문에 '예'라고 답한 사람은 단 한 명도 없었습니다. 같은 질문에 아빠들 중 5%만이 종종 여가를 가진다고 답했습니다. 그래서 집안일을 줄여야 합니다.

우선 집안일을 '내 손으로' 직접 해야 한다는 생각에서 벗어나면 도움이 됩니다. 실제로 한 설문조사에서 주부 3명 중 1명은 경제적 여력이 있다고 해도 도우미를 쓰지 않겠다고 답했습니다.

'내가 해야 속이 편하다'라는 게 이유였습니다. 진성-은재 씨 부부도 사실 이렇게 돈을 쓰면서까지 집안일에 기계의 힘을 빌려야 하는지 의문이었지만, 반대로 생각해 보기로 했다네요. 집안일에 기계의 힘을 빌리는 만큼 부부의 대화시간, 아이와 뒹구는 시간을 확보할 수 있다고요. 1940년대 미국 농촌전력화사업청의 조사 결과에 따르면 전기세탁기의 등장으로 17㎏ 무게의 빨래 세탁 시간이 4시간에서 41분으로 줄었습니다. 그러니 '꼭' 내가 해야 할 일만 직접 하고, 그렇지 않은 일은 '외주'를 주는 것도 좋은 대안입니다.

진성-은재 씨 부부는 고민 끝에 빨래건조기를 샀습니다. 빨래가 끝나면 건조기에 넣으면 되니 건조대를 펼치고 빨래를 너는 일이 줄었습니다. 먼지도 제거되니 탁탁 털지 않아도 됩니다. 두 사람은 입을 모아 "고민한 시간이 아까울 정도로 만족한다. 이렇게 편한걸 왜 모르고 살았나 싶다"라고 했습니다. 내친김에 식기세척기도 샀다고 합니다. 아침을 먹고 설거지하고 출근하느라 바빴는데 식기세척기가 생기니 설거지할 시간이 절약돼 20분이나 더 잘 수 있답니다.

그렇다고 무턱대고 집안일을 '외주'하는 건 곤란합니다. 할 수 있는 걸 외주하는 것과 못해서 외주하는 것은 다르니까요. 그래서 집안일을 외주할 때는 '원칙'이 필요합니다. 두 사람은 요리는 가급적 직접한다고 했습니다. 신혼 초기에는 평일에 퇴근 후 중간에서 만나 저녁을 사 먹고 들어오는 날이 많았는데 그러다보니 두 사람 모두 체중이 급격히 늘었답니다. 그래서 조금 번거롭긴 해도 외식은 자제하기로 했습니다. 우리가 해야 하는 일을 추려 '선택과 집중'을 하는 것도 집안일을 잘하는 방법입니다.

살림 노하우

살림의 질을 높이는 도구들	
1. 건조기	'건조기를 한 번도 써보지 못한 사람은 있어도, 한 번만 써본 사람은 없다'라는 말이 생길 만큼 건조기는 살림의 질을 높여줍니다. 사실 빨래는 돌리는 것보다 탁탁 털어서 널고 마르면 걷는 게 일인데요. 건조기는 이 모든 걸 한 번에 해결해 줍니다. 특히 수건을 건조기에 말리면 먼지가 제거되고 뽀송뽀송해져서 굉장히 만족스러워요.
2. 식기 세척기	사실 식기세척기를 처음 사용할 때만 해도 '세척이 잘 될까?' 하는 의문이 있었어요. 그런데 생각보다 깔끔하게 세척이 되어 놀랄 정도랍니다. '이렇게 편할 걸 왜 모르고 살았나 몰라'라는 말이 나올 정도로 살림에 큰 힘이 된답니다. 또한 식기세척기를 세척 후 건조대 대용으로 사용한다면 식기 건조대가 따로 필요하지 않아 부엌 정리정돈이 굉장히 편해진답니다.
3. 무선 청소기	청소기를 장만할 때 유선으로 살지 무선으로 살지 많이 고민하셨을 겁니다. 무선은 사용 시간이 짧고 모터의 힘이 약하는 단점이 있습니다. 유선은 소음이 심하고 번거롭죠. 사실 가장 좋은 건 유선을 메인, 무선을 보조로 장만하는 겁니다. 주말에 대대적으로 청소할 때는 유선, 평일에 간단히 청소할 때는 무선을 활용하는 거죠. 특히 무선청소기를 화장대 옆에 두면 머리 손질 뒤 곧바로 머리카락을 청소할 수 있어서 강력하게 추천합니다.

부부가
부모가 될 때

아이와 함께
성장하는 부부

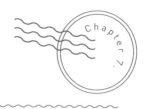

Chapter 7

부모가 된 동생부부에게

부모 되기, 숙제도 겁먹을 일도 아니야

지난해 한 여론조사에서 20대 이상의 남녀들에게 아이를 꼭 낳아야 한다고 생각하는지 물은 적이 있어. 이들 중 64%가 '꼭 낳아야 한다'고 답했지. 성별 차이가 있었는데 남자의 70%가 '꼭 낳아야 한다'고 답한 반면 여자는 58%가 그렇다고 답했어. 나이가 많을수록 '꼭 낳아야 한다'는 답변이 많았어. 60대 이상은 90%, 30대는 39%만이 그렇다고 답했지.

나는 서른 살에 결혼해서 서른두 살에 아이를 낳겠다고 생각했어. 실제로 서른둘에 엄마가 됐지. 그런데 돌이켜보면 '아이를 언제 낳을까, 몇 명 낳을까?'만 고민했지 '아이를 낳을까, 말까?'를 고민한 적은 없었던 것 같아. 어린아이들에게 나중에 커서 뭐가 되고 싶으냐고 물으면 여자아이는 "엄마요!", 남자아이는 "아빠요!"라고 답할 때가 있잖아. 나도 "엄마요!"라고 답하는 그런 마음이었어.

부모가 되고 나서야 '아이를 낳지 않았다면 어땠을까?'라는 생각이 들었지 뭐야. 참 뒤늦지? 맞아. 여론조사의 결과처럼 부모가 되는 건 더 이상 인생의 통과의례가 아닌데 나는 무작정 부모가 된 것 같다는 생각이 들었어.

그렇다고 오해는 하지 마. "나는 아이를 낳은 걸 후회하니 너희들은 신중하게 생각해 봐"라는 건 아니야. 단지 결혼을 했으면 아이를 낳아야 한다는 시선에 등 떠밀리듯 부모가 되지 않았으면 좋겠다는 말을 하고 싶은 거야. 동시에 아이를 낳고 키우다보니 '헬조선'이라는 이야기에 지레 겁먹고 부모가 되는 것을 포기하지 않았으면 좋겠다는 말이기도 해.

'아이를 언제 낳을까?'를 고민하기 전에, 그리고 '나는 아이 못 낳겠다'라고 단정을 짓기 전에 주변의 말들에 귀 닫고 눈 감고 너희 두 사람이 중심이 되어 '아이를 낳을까, 말까?'를 먼저 고민해 봤으면 하는 거야. 부모가 되는 것은 분명 선택의 문제니까.

지인 중 아이를 낳지 않기로 결정한 부부가 있어. 소위 '딩크족'이지. 행복하게 잘 살고 있어. 난 이 부부가 행복한 건 아이가 없기 때문이라고 생각하지 않아. 아이를 낳을지, 말지를 함께 충분히 고민했기 때문에 행복한 거지. 그들에게는 아이를 낳지 않는 이유가 있고 그에 맞는 결혼 생활을 꾸려가고 있거든. 같은 이유로 아이를 낳기로 결정하고 부모가 된 사람들은 숙제를 하듯 부모가 된 사람들보다 행복할 확률이 높아. 아이를 낳은 이유가 명확하고, 부부의 선택인 만큼 오롯이 그 선택을 감내할 테니 말이야. 그러니 일단 아이를 낳을지 말지를 부부끼리 충분히 시간을 두고 고민해 보길 바라.

힘들지만 행복하다?

아이를 낳고 키우며 가장 많이 받은 질문 중 하나는 "부모가 되니 좋아?"야. 응, 좋아. 난 엄마가 된 내가, 부모가 된 우리 부부가 더 좋아. 이렇게 답하면 또 묻더라. "안 힘들어?" 물론 힘들지. 내 인생에 이렇게 치열하게 사는 시기가 또 있을까 싶을 정도인걸. 그런데 힘들다고 안 행복하고, 행복하다고 안 힘든 건 아니잖아. 나는 부모가 되어 힘들지만, 부모가 되어 행복해.

기본적으로 몸이 힘들어. 신생아는 하루 평균 15~16시간을 자. 그런데 이 잠이 렘수면REM sleep이라고 불리는 얕은 잠이라 수시로 깨지. 밤낮을 구분하지도 못해. 그러니 아이를 돌보는 부모도 잠을 제대로 잘 수 없어. 수면 부족이 아니라 수면 박탈 상태에 이르지. 그래서 육아 선배들은 "아이가 잘 때 무조건 같이 자라"고 조언하지만 아이만 돌보는 게 아니잖아. 아이가 태어나면 집안일이 10배쯤 늘어나. 아이가 자는 틈틈이 집안일을 해야 하지. 그러다보면 육아와 살림 사이에서 동동거리다가 하루가 끝나.

부모가 되면 내 일상도 내 마음대로 계획할 수 없어. 《부모로 산다는 것》의 저자 제니퍼 시니어는 아이를 '작은 미치광이'에 비유했어. 아이는 자제할 줄 모르고 우리가 쓰는 언어로 말할 줄 모르고 예측 불가능하다는 게 이유였지. 동의해. 아이가 예쁜 것과는 별개로 나도 '얘가 과연 사람이 되긴 할까?' 싶을 때가 있어. (울 아기들 미안! 엄만, 너희들을 사랑해!) 설령 아이가 '작은 미치광이'가 아니라고 해도 아이를 키우며 내가 미치광이가 될 것 같은 순간이 가끔씩 찾아와.

이런 것들은 아이들이 자라며 점점 나아지긴 해. 손이 덜 가지. 그런데 마음은 더 쓰여. '옆집 시우는 진즉 한글을 뗐다는데 우리 웅이는 아직 ㄱㄴㄷ도 모르네. 이대로 둬도 괜찮을까?' 아이가 어릴 땐 눈만 깜빡여도 박수가 절로 나왔는데 어느 순간부터는 아이를 보고 있으면 '이걸 해줬어야 하나?' 후회되고 '뭘 해줘야 하나?' 항상 불안해. 정답이라도 있으면 그대로 따르겠는데 육아는 정답이 없지. 혼란의 연속이야.

첫째가 어렸을 때 아이를 아기띠로 안고 남편 회사 앞으로 마중 나간 적이 있어. 남편을 기다리고 있는데 전광판에 정현종 시인의 시 〈방문객〉이 흘러가더라.

'사람이 온다는 건 실은 어마어마한 일이다. 그는 그의 과거와 현재와 그리고 그의 미래와 함께 오기 때문이다. 한 사람의 일생이 오기 때문이다.' 이 시를 읽고 있으니 묵직하더라. 나는 아이를 낳고 키우는 것이지만, 아이는 한 사람으로 삶을 시작하는 거잖

아. 내가 그 삶을 잘 도와야 할 텐데, 잘하고 있는 걸까? 매일 고민해.

부모 노릇은 고되고 어렵고 무거워. 한마디로 힘들지. 하지만 역설적이게도, 그래서 행복해지는 것 같아. 부모가 되고는 나라는 한 사람을 돌아보게 되거든.

育兒(아이를 키운다)? 育我(나를 키운다)!

난 밥을 먹기 전에 과자를 즐겨 먹어. 어렸을 때부터 엄마한테 내내 잔소리를 듣고, 결혼해서도 남편에게 구박을 받으면서도 그 버릇을 버리지 못했어. 그래도 부모가 됐다고 아이들한테 "밥을 잘 먹어야 간식을 준다"라고 하면서 나는 밥보다 과자를 먼저 먹을 수 없겠더라. 아이들 몰래 주방에 숨어서 먹곤 하는데 들킬 때가 있어. 꿀꺽 삼키고 아무것도 안 먹은 척하지만 눈치가 뻔하잖아. 어느 날 보니 아이들도 주방에 숨어서 과자를 먹고 있는 거야. "뭐 하고 있어?"라고 물으면 대답도 하지 못하고 고개만 절레절레 흔드는 게 귀여우면서도 뜨끔하지. 애들 봐서라도 정말 과자를 그만 먹어야겠다고 다짐하곤 해.

이런 순간이 한두 번이 아니야. 여기 뜨끔 저기 뜨끔, 뜨끔뜨끔의 연속이야. 남편에게 "대체 애는 누구 닮아서 이럴까?" 하고 하소연하면 기다렸다는 듯 답을 하지. "바로 당신!" 끙.

재밌는 건 아이들은 말로는 백 번을 해도 듣지 않던 걸 행동으로 다섯 번만 보여줘도 따라 한다는 거야. 친정엄마가 매번 "아이는 보고 배우는 거지. 듣고 배우는 게 아니야"라고 하셨는데 그 말이 맞더라. 그러니 행동 하나하나를 조심하게 돼. 나는 부모이기도 하지만 아이가 태어나 처음 만나는 어른이자 인생 선배니 아이가 따르기에 괜찮은 본보기가 되도록 스스로 점검하는 거지.

그러다보면 자연스럽게 더 괜찮은 본보기가 되고자 노력하게 돼. 아이가 이런 어른으로 자랐으면 좋겠다 싶을 땐 내가 먼저 그 어른이 되어 보여주는 거야. 난 웅이, 결이가 스스로를 아끼는 사람으로 자랐으면 좋겠어. 지인들에게는 너그럽고 본인에게는 엄격한 사람 말고, 지인에게 너그러운 만큼 나 자신에게도 너그러운 사람 말이야. 어떻게 하면 그 태도를 익히게 해 줄까 고민하다 보니 내가 실수에 너그러운 모습을 보여주면 되겠더라.

우리 집에서 물을 가장 많이 엎지르는 사람은 누구게? 부끄럽게도 나야. 서두르다가 엎지르고 둘째에게 밥을 먹이면서 첫째에게 물잔을 건네다가 엎질러. 그럴 때마다 "난 왜 매번 덤벙대는 거야!"라며 얼굴이 벌게져서는 씩씩댔는데, 요즘엔 그러지 않아. 물을 엎질렀으면 닦지. 기왕이면 빨리 닦으면 더 좋아. 친구가 물을 엎지르면 "넌 실수투성이야!"라고 지적하지 않잖아. "괜찮아? 안 젖었어?"라고 묻고 같이 닦아주지. 똑같이 나를 대하는 거야. 누구나 실수를 하는 거고, 실수는 수습하면 되는 거야.

이렇게 생각한 뒤로는 실수를 해도 자책하기보다 어떻게 수습할지를 먼저 생각해. 아이들이 실수를 해도 "괜찮아. 그럴 수 있어. 같이 치우자"라고 이야기를 건네.

육아는 한자어로 育(기를 육) 兒(아이 아)를 써. 어린아이를 키운 다는 뜻이야. 그런데 아이를 키우다보니 육아를 통해 내가 자라는 것 같아. 育(기를 육) 我(나 아)인 거지. 이런 기회를 가질 수 있음이 감사해.

부모가 되니 웃을 일도 더 많아졌어. 아이들의 재롱이 있으니까. 작은 엉덩이를 씰룩거리며 동요를 부를 때면 아이돌 팬클럽에 가입하는 마음이 이해되고 슬금슬금 다가와 뽀뽀를 하고 갈 때면 연애할 때보다 더 심장이 두근거려.

'무조건적인 사랑'은 자식에게만 가능하다고 하잖아. 부모를 사랑하고, 남편을 사랑하고, 친구를 사랑하지만, 자식을 향한 사랑은 또 달라. 게다가 이 사랑스러운 녀석들은 받은 것보다 더 큰 걸 돌려줘. 겨울에 어린이집에 데려다줄 때 핫팩을 쥐여 주거든. 인사를 하고 헤어지려고 하면 그 핫팩을 다시 내게 줘. 집에 갈 때 추우니까 가방에 넣어 두라고 하면 엄마 회사가 더 머니까 엄마가 가져가라고 해. "엄마가 좋으면 나도 좋아"라는 한마디에 온 세상이 핫팩이 되어 날 감싸는 것 같다니까.

엄마 아빠를 넘어 부모라는 '한 팀'

나라는 한 사람만 성장하는 건 아니야. 부부도 같이 성장해.

남편과 가끔 아이들이 없었다면 어떻게 살고 있을지 상상해 보곤 해. 여전히 서로의 손을 잡고 다니고 따로 떨어져 자지도 않았을 것 같아. 돈도 더 많이 모았을 테니 이사를 갔을지도 모르겠어. 그리고 결정적인 것. 부부 싸움을 덜 했을 거야.

일본 베네세 차세대 육성 연구소가 부부 300쌍을 대상으로 첫아이 출산 후 부부의 애정 변화를 추적 조사한 적이 있어. 임신기 부부 중 74.3%는 배우자에게 진심으로 사랑을 느낀다고 답을 했어. 아이가 태어난 뒤 같은 질문에 아내의 45.5%, 남편의 63.9%만이 사랑을 느낀다고 답했지. 아이가 만 1세가 되면 아내의 36.8%, 남편의 54.2%, 아이가 만 2세가 되면 아내의 34%, 남편의 51.7%만이 사랑을 느낀다고 했어. 가족치료의 세계적인 권위자 존 가트맨 박사가 연구한 결과도 비슷해. 부부 세 쌍 중 두 쌍은 첫아기가 태어난 후 관계 만족도가 심각하게 낮아졌어.

우리 부부도 그랬어. 사실 출산 직후에는 아이를 돌보느라 부부 사이를 신경 쓸 여력이 없었는데 어느 날 보니 남편과 나 사이에 냉기가 흐르더라. 큰소리가 오고 가진 않았지만, 따뜻한 말도 오가지 않았어. 아이가 태어나 '우리 가족'이 완성됐다고 생각했는데 오히려 부부 사이가 덜그럭대다니….

그렇다고 크게 걱정할 필요는 없어. 가트맨 박사는 이 모든 변화가 지극히 정상적이라고 했거든. "밭 갈래, 애 볼래?"라고 물으면 다들 밭을 갈겠다고 한다잖아. 그만큼 매일 애를 보고 있으니 힘에 부치고 피곤해. 예민해지지. 온통 가시가 돋아 찌를 곳만 찾아. 그러니 아이가 태어나서 부부 관계가 나빠진 게 아니라 인생의 거대한 과도기를 통과하면서 생기는 자연스러운 현상일 뿐이라는 거야. 그는 그럴수록 부부 관계에서 문제를 찾으려 하지 말고 상황을 잘 헤쳐나가는 것에 집중하라고 조언했어. 가장 좋은 방법은 '나=엄마', '남편=아빠'를 넘어 '우리=부모'라는 한 팀이 되는 거야.

흔히 '육아전쟁'이라고들 해. 만약 육아가 정말 전쟁이라면 남편과 나는 '같은 편'이 되어야 해. 남편과 내가 '같은 편'이라고 생각하니 남편이 짠하더라. 내가 힘든 것처럼 남편도 힘든 게 보이고, 그럼에도 불구하고 내가 힘을 내는 것처럼 남편도 힘을 내고 있는 게 보였어. 그러면서 서로 '으쌰으쌰'하기 시작했던 것 같아.

외식할 때만 해도 그래. 식당에 가면 내가 아이를 돌보는 동안 남편이 재빨리 먹고 아이를 건네받으면 그다음 내가 먹어. 가끔은 '너 한 입, 나 한 입'하던 연애시절이 그립기도 하지만 아이를 안고 '네 차례, 내 차례'하는 그 상황이 나쁘지만은 않았어. 연애할 때는 전혀 몰랐던 단단한 팀워크가 생겼으니까.

남편이 아이와 노는 걸 보고 있으면 또 얼마나 흐뭇하다고. '내가 알던 그 철부지 대학생이 한 아이의 아빠로 성장하고 있구나' 싶어 괜히 코끝이 찡해. 남편도 나를 보며 비슷한 생각을 하나 봐. 걱정이 많아 매사 주저하던 내가 아이들 일이라면 덮어놓고 덤벼드는 걸 보면서 "우리 마누라 이제 어디 내놔도 걱정 안 해도 되겠다"라고 하더라. 부부 사이의 사랑에는 '동지애'가 있다고 하더니 이런 걸 말하는구나 싶어.

반면 뜨겁게 밤을 보내던 사랑은 시들해졌어. 아이가 생기기 전까지만 해도 '신호'가 자주 왔고 부부관계도 자주 가졌었어. 임신을 하며 달라졌지. 병원에서는 임신 초기의 과격한 부부관계가 자궁 수축을 일으켜 유산이 될 수 있다는 이유로, 임신 말기에는 조산의 위험을 이유로 부부관계를 자제하라고 했어. 의학적인 충고와는 별개로 임신을 하자 부부관계를 할 마음이 싹 사라지더라. 졸음이 쏟아졌고, 입덧까지 시작되자 엄두가 나지 않았어.

아이가 태어나고 일상으로 복귀하면 부부관계도 회복될 거라고 생각했었어. 하지만 그 반대였지. 한 연구 결과에 따르면 아이가 태어나면 그 전보다 부부관계가 3분의 1로 줄어들어. 4살 이하의 어린아이는 임신보다 부부관계 횟수에 더 큰 '악영향'을 준다고 밝힌 연구도 있어.

부모가 되니 묻지 않아도 이유를 알겠더라. 온종일 종종거리다 침대에 누우면 아이가 잠들기 전에 내가 먼저 잠드는 날이 많아. 부부관계를 할 에너지가 남아 있지 않지. 게다가 스킨십에도 '총량의 법칙'이 적용되는지 아이를 안고 어르고 뒹굴다보면 누군가와 살을 맞대기보다는 내 몸을 아무도 건드리지 않으면 좋겠다 싶어. 남편과 단단히 마음먹고 분위기를 잡았다가도 아이 울음소리에 중단된 적도 많지. 그러다보니 자연스레 부부관계와 멀어져.

2016년 실시된 설문조사에 따르면 우리나라 기혼자의 36%

는 성관계가 월 1회 이하이거나 없다고 답했어. 보통 신체 건강한 부부가 월 1회 이하의 성관계를 6개월 이상 지속했을 때 섹스리스로 분류하는데 우리나라는 섹스리스 문제가 심각하다고 알려진 일본의 44.6%보다 조금 낮은 수준이었지.

물론 섹스리스여도 부부가 불만이 없다면 문제가 되지 않아. 하지만 여성가족부 조사에 따르면 많은 3, 40대가 배우자와의 성생활로 갈등을 겪고 있다고 했어. 섹스리스 부부의 결혼 만족도는 섹스를 유지하는 부부의 결혼 만족도보다 낮다는 조사 결과도 있어.

많은 부부에게 부부관계는 '시한폭탄'인 거야. 부부관계에 불만은 있지만 그렇다고 적극적으로 나서기엔 일상의 고단함이 발목을 잡지. 우리 부부도 같은 고민을 하고 있다고 하니 한 지인이 잠자리부터 같이하라고 하더라. 떨어져 자는 이상 작정하지 않고는 부부관계로 이어지기 어렵다면서 말이야. 실제로 각방을 쓰는 부부의 섹스리스 비율은 65%로 같은 방을 쓰는 경우(23%)보다 2배 이상 높다는 조사가 있어.

첫째가 태어나고는 줄곧 나는 아이와 자고, 남편은 혼자 자. 일리 있는 조언이었어. 그래서 '같이 눕는' 횟수부터 늘리기로 했지. 아이들이 잠들면 남편 옆으로 자리를 옮겨. 등 돌리고 자는 날도, 손잡고 자는 날도, 껴안고 자는 날도 있어. 그러다 자연스레 부부관계로 이어지기도 해. 그리고 주기적으로 부부관계를 가지려고 노력해. 부부만의 신호를 정하거나 특정 요일을 미리 약속해 두는 것도 방법이야.

부부관계는 부부가 몸으로 나누는 대화야. 사이가 좋은 부부는 성관계의 만족도도 높지만 반대로 성관계의 만족이 높으면 부부 사이의 유대감이 강해지기도 해. 특히 전문가들은 부부 사이가 좋지 않을 때 성관계는 친밀감을 강화하는 계기가 될 수도 있다고 했어. 동감해. 부부관계를 가진 날 더 피곤한 건 사실이지만 피곤함을 넘어선 묘한 활기가 느껴지거든. 그리고 여전히 서로를 원한다는 사실만으로도 꽤 찌릿해. 남편이 이런 말을 한 적이 있어. "신혼부부처럼 살고 싶으면 신혼부부처럼 행동하자"라고. 그렇게 살려고 해.

부모성장
솔루션 1

부부 싸움 피할 수 없다면 잘 싸우기

종석-세현 씨 부부는 잘 싸우기로 유명합니다. 자주 싸운다는 말이 아니라 한번 싸우면 결론이 날 때까지 싸웁니다. '좋은 게 좋은 것'이라고 생각하고 넘어가야 잘 산다는데 두 사람은 다릅니다. '좋아야 좋은 것'이라고 생각합니다.

부모가 되고부터는 달라졌습니다. 부딪히는 일은 더 많아졌지만 싸울 여유가 없습니다. 아이 앞에서 엄마 아빠가 싸우는 모습도 보여주기 싫었습니다. 부모가 싸우는 것을 목격한 아이는 생존의 위협을 느낀다는 연구 결과를 본 뒤로는 더욱 싸우지 않으려고 합니다.

그래서 '겉'으로는 싸우지 않는 부부가 됐답니다. 하지만 싸울일은 더 많아졌는데 싸우지 않으려니 속으로는 부글부글했죠. 그러다 한 번씩 펑 터지면 고함과 모진 말이 오갔습니다. 그 순간에는 아이의 울음소리도 들리지 않습니다.

사람이 감정적으로 흥분하면 신체 또한 생리적 각성 상태가됩니다. 심장이 쿵쾅거리고 혈압이 오르며 손발에 땀이 나고 근육이 긴장합니다. 흥분된 감정이 뇌의 판단 능력을 마비시켜 생각이 부정적인 방향으로 흘러가게 됩니다. 놀라운 것은 이런 상태가 벌어지고 있다는 것을 우리는 전혀 알아차리지 못한다는 것입니다. 게다가 몹시 지치고 피곤할 때 싸우기 시작하면 생리적 각성 상태가 되기 쉽습니다. 아이가 어릴 때일수록 그렇겠죠. 종석-세현 씨도 "부모가 되기 전에는 이렇게 극단적으로 싸운 적이 없었다"라고 했습니다.

전문가들은 생리적 각성 상태가 되면 싸움을 중단하고 잠깐이라도 떨어져 마음을 진정시키라고 조언합니다. 최소 30분에서 최대 하루까지, 휴식을 취하며 진정하고 다시 배우자를 마주하라는 것이죠.

하지만 어린아이를 키우는 부부들은 이 상태에 달하면 서로를 피하기 시작합니다. 싸우다가 아이의 울음소리가 들리면 "내가 애 봐서 참는다"라고 말하며 아이를 안고 방으로 들어가 문을 닫아버립니다. 문제는 이렇게 문을 닫아버리는 게 마음을 진정시킬 시간을 갖기 위해서가 아니라 싸움을 멈추고 배우자에게서 등을 돌리는 행동이라는 겁니다. 종석 씨는 아내와 마주하기 싫어서 퇴근을 미루고 회사 생활에 몰두했고, 세현 씨는 남편과 말을 섞기 싫어서 친구들에게 전화를 걸어 하소연했습니다. 겉으로는 평안했지만 시간이 갈수록 부부 사이는 멀어졌습니다.

어느 날 종석 씨는 싸우는 부모도 아이에게 좋지 않지만 서로에게 냉담한 부모도 좋지 않을 것 같다는 생각이 들었답니다. 그래서 세현 씨에게 다시 신혼 초기처럼 결론이 날 때까지 싸우자고 했습니다. 대신 싸움의 방식을 바꿨습니다. 서로를 비난하는 것이 아닌 각자 원하는 것을 이야기하기로 했습니다. 서로의 바람을 긍정적인 마음으로 검토하기로 했습니다. 그렇게 생각하니 부부 싸움을 해도 큰소리가 오가지 않습니다. '부부 싸움'이 아닌 '부부 성장'이 시작됐습니다.

실천하기

잘 싸우기 위해서는 룰이 필요합니다. 부부 싸움은 싸워서 이겨야 하는 전투가 아니라 대화를 통해 오해한 부분을 풀고 앞으로 나아가기 위한 성장의 시간이 되어야 합니다. 부부 싸움을 피할 수 없다면 아래의 '잘 싸우는 법'을 꼭 지켜보세요.

1. 폭력은 절대 NO, 어떤 이유로도 용서받을 수 없습니다.
2. 아이들 앞에서 싸웠다면 화해하는 모습도 보여주세요.
3. 싸움은 주원인이 되었던 문제만을 놓고 싸워야 합니다.
4. 싸움은 짧게, 장기전은 금물입니다.
5. 잘못한 부분이 있다면 먼저 사과를 해야 합니다.

엄마, 아빠 대신 '부모'로 생각하기

현경-민석 씨 부부는 세 살배기 아이의 부모입니다. 지난해 아이와 함께 나들이를 하려고 탄 버스에서 영상 광고를 봤습니다. 정부기관의 광고였는데 한 여성이 등장해 식료품을 점검했습니다. 그 위로 '엄마의 마음으로 검사하겠습니다'라는 자막이 흘렀고요. 내 아이에게 먹일 것을 살피듯 하나하나 꼼꼼히 점검하겠다는 뜻을 전하고 싶었던 것 같습니다.

광고를 보던 민석 씨는 갑자기 의문이 들었답니다. '엄마의 마음? 꼭 엄마만의 마음일까?' 싶었던 거죠. 아빠인 민석 씨 또한 부모가 된 뒤로는 먹거리, 놀거리 등 아이와 관련된 것이라면 한번 더 살피게 되는 건 마찬가지입니다. 무릎에 앉아 있는 아이의 머리를 쓰다듬으며 자막이 '엄마의 마음이 아닌 〈부모의 마음으로 검사하겠습니다〉였으면 어땠을까?'라는 생각이 들었답니다.

그 일은 민석 씨 부부가 일상 속의 '엄마'라는 단어를 다시 생각해 보는 계기가 됐습니다. 의문을 품고 살펴보니 즐겨찾기를 해 두고 자주 들어가는 육아 커뮤니티나 육아 잡지 이름도 '맘Mom'으로 시작했습니다. 아이가 쓰는 물건도 마찬가지였습니다. 매일 발라주는 화장품에 '엄마의 마음으로 안전하게 만들었습니다'라고 적혀 있었습니다. 대형마트 이유식 코너에 가보니 대부분 광고 문구가 '엄마의 정성을 담았습니다'였습니다. 두 사람은 그 문구들에 엄마 대신 부모를 넣어봤습니다. '부모의 정성을 담았습니다', '부모의 마음으로 안전하게 만들었습니다' 모두 같은 뜻이었습니다.

민석 씨는 "아이를 키우면서 한 번도 이런 의문을 품은 적이 없었다는 사실이 더 놀라웠다"며 "나 스스로도 그동안 아이에게는 '엄마의 마음'과 '엄마의 정성'이 필요하다고 생각했다는 걸 부정할 수 없었다"라고 했습니다. 아빠의 역할은 엄마가 육아에 전념할 수 있게 돕는 것이라고 여겼답니다. 하지만 아빠도 엄마와 다를 것 없는 '부모의 마음'입니다. 그래서 현경 씨와 민석 씨는 엄마, 아빠 자리에 부모를 넣는 작은 실험을 해 보기로 했습니다.

룰은 간단합니다. 가령 모유 수유 같은 엄마만 할 수 있는 일이 아니라면 아빠도 해 보기로 했습니다. 그동안 어린이집 행사가 있으면 매번 엄마인 현경 씨가 가는 게 당연했지만 꼭 엄마가 가야 하는 건 아닙니다. 이번에는 민석 씨가 참석했습니다. 엄마들 사이에서 뻘쭘하지는 않을까 걱정했는데 의외로 아빠들도 많았습니다. 할머니나 할아버지의 손을 잡고 온 아이들도 적지 않았습니다.

아이를 데리고 병원에 가도 진료실에는 현경 씨만 들어갔었는데 이제는 민석 씨도 들어갑니다. 의사선생님께 주의 사항을 같이 들으니 집에 와서도 따뜻한 물을 챙기고 아이를 더 살피게 된답니다.

민석 씨는 육아를 엄마, 아빠가 아닌 부모로 바라보며 반성한 부분이 있다고 했습니다. "아이에게 무슨 일이 생기면 아이보다 내가 먼저 아내를 찾더라고요. '나보다 아내가 더 잘하니까'라는 생각에 으레 그래왔는데 돌이켜보니 나는 아빠라는 핑계로 한발 물러나 있었던 건 아닌가 싶었어요."

민석 씨 말이 맞습니다. 엄마와 아빠가 같지는 않지만 엄마만 할 수 있는 건 생각보다 많지 않습니다. 엄마가 할 수 있으면 아빠도 할 수 있습니다. 부모면 할 수 있습니다.

점검하기

괄호 안에 들어가야 할 단어가 엄마일지 아빠일지 같이 생각해 보세요.

1. 아이가 아플 때 병원은 [   ]가 데리고 가야 한다.

2. 밤에 아이가 깨면 [   ]가 달래야 한다.

3. 아이 식사 준비는 [   ]가 해야 한다.

4. 어린이집 알림장은 [   ]가 체크해야 한다.

5. 아기띠는 [   ]가 해야 한다.

6. 기저귀는 [   ]가 갈아야 한다.

7. 아이 외출 가방은 [   ]가 챙겨야 한다.

8. 아이 양치는 [   ]가 시켜야 한다.

9. 예방접종 체크는 [   ]가 해야 한다.

10. 아이는 [   ]가 재워야 한다.

※ 정답은 (부모) 입니다.

처음부터 부모는
없다

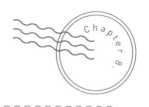

엄마는 되어가는 것

임신을 하니 어때?

배 속에 아이가 자라고 있다는 게 믿기지 않고, 그 아이가 내 아이라는 건 더 믿기지 않을 거야. 아이를 품에 안을 날이 기대되고, 그만큼 겁나기도 하고, 내가 잘할 수 있을까 걱정도 되고 말이야. 족집게 같다고? 족집게는 무슨, 나도 엄마잖아. 엄마의 마음은 다 비슷해.

첫째가 7살이니 벌써 7년 전 일이야. 꼭 안으면 부스러질 것 같던 작은 아기가 이제 "엄마는 내가 지켜줄게" 하고 장담하는 씩

씩한 어린이로 자랐지. 아이가 어릴 땐 잠든 모습을 보며 이 녀석이 언제 자랄까 싶었는데, 요즘엔 천천히 자랐으면 싶어. 이 예쁜 모습이 지나가는 게 아쉬워서 말이야.

그리고 고맙지. 첫째와 둘째, 둘 다에게 고맙지만 특히 첫째에게 고마워. 첫째로 태어나 어리숙한 '초보 엄마' 밑에서 자라느라 고생했거든. 엄마를 믿고 세상에 나왔을 텐데 그 엄마가 실수투성이니…. 첫째가 첫 돌일 때 나도 엄마 한 살이었고, 첫째가 걸음마를 뗐을 때 나도 엄마 걸음마를 뗐던 것 같아. 지금이야 엄마랑 같이 잘 자라줘서 고맙다고 얘기하지만, 엄마 노릇이 어리숙할 땐 부족한 엄마라 미안하다고 사과하는 게 일이었어. 내가 생각했던 엄마와 엄마가 된 나는 너무 다른 모습이었거든. 그래서 더 자책하고 더 채찍질했던 것 같아.

아이를 낳는 순간 엄마가 됐다고 생각했어. 위대하고 강하고, 아이를 위해서는 못할 게 없는 완벽한 엄마. 내가 그 엄마가 된 줄 알았어. 그런데 아니더라. 아이가 우는데 배가 고픈 건지, 안아 달라는 건지, 기저귀가 축축한 건지, 졸린 건지도 구분이 안 되는 거야.

하루는 아이가 자꾸 젖을 게워내서 병원에 갔더니 의사선생님이 젖을 많이 줘서 그렇다고, 어른으로 치면 과식해서 탈이 난 거라고 하더라. 울 때마다 젖을 주지 말고 배가 고플 때를 가리라고 하시는데 어찌나 민망하고 허탈하던지…. 동시에 '나는 엄마라는 사람이 그거 하나 구분하지 못해서 아이를 고생시켰구나' 하고 자책했었어.

그런데 생각해 봐. 나도 엄마가 처음인데, 그걸 어떻게 구분하겠어. 아이를 돌보고 지켜보면서 아이가 보내는 신호를 점점 알아가는 거지. '합'을 맞춘다고 하잖아. 아이하고도 합을 맞추는 시간이 필요해. '난 왜 이렇게 부족하지?' 하고 자책할 게 아니라 '오늘 하나 더 배웠네. 내일은 좀 더 나은 엄마가 될 수 있네'라고 감사하면서 말이야.

처음부터 좋은 엄마는 없어. 좋은 엄마가 되어가는 거지. 이 사실을 잊지 마.

나만의 '좋은 엄마' 만들기

여기서 질문 하나. 넌 어떤 엄마가 되고 싶어? 대부분 이렇게 물으면 '좋은 엄마'가 되고 싶다고 답을 해. 그러면 나는 한 번 더 묻지. 네가 생각하는 '좋은 엄마'는 뭐야?

첫째를 낳고 한 달 즈음 지났을 때였어. 잘 나오던 모유가 갑자기 확 줄어드는 거야. 어른도 그렇지만 아이는 특히 배불리 먹어야 잠도 잘 자고 잘 놀고 잘 자라. 그런데 모유가 부족하니 아이는 자주 칭얼댔지. 모유의 양을 늘려준다는 차를 마시고 찜질을 하고 마사지를 하고 돼지족을 고아 마시기도 했는데 소용없었어. 노력하면 할수록 오히려 모유가 더 줄어드는 느낌이었지.

그러던 어느 날 퇴근길에 남편이 분유를 사 왔더라. 분유로 보충하자는 남편 앞에서 눈물이 쏟아졌어. 나라고 분유를 모르는 것도 아니고, 분유로 보충할까 생각하지 않았던 것도 아니야. 그런데 아이에게는 모유가 최고라고 하니까, 포기하고 싶지 않았던 거지.

분유를 앞에 두고도 먹이지 못하고 있으니 남편이 그러더라. "모유가 좋긴 하겠지만 분유가 나쁜 것도 아니야. 우리 어렸을 때만 해도 분유를 먹고 자랐다고 하면 있는 집 자식이라고, 부러워했었잖아"라는 농담 섞인 말에 피식 웃음이 나고 말았어. 마음이 편해졌지.

재밌는 건 혼합 수유를 시작하자 모유의 양이 다시 늘었다는 거야. 모유촉진차, 돼지족 다 소용없다고 원망했었는데 그게 아니라 스트레스에 짓눌려서 모유의 양이 줄었던 건가봐. 혼합 수유 1주일 만에 다시 '완모'로 돌아왔어.

모유뿐만이 아니야. '자연 분만해야 한다', '만 3세까지는 엄마가 아이를 키워야 한다' 등 '엄마 정답'이 많아. 그 정답을 지키면 '좋은 엄마', 지키지 못하면 '나쁜 엄마'가 돼. 그렇지 않아도 초보 엄마라 미숙한데 '엄마 정답'까지 지키려니 가랑이 찢어지겠더라고.

그런데 곰곰이 생각해 보면 '엄마 정답'이 진짜 정답도 아니야. 바람직한 엄마상은 시대에 따라 변해왔어. 요즘 '애착 육아'를 모르는 엄마가 없잖아. 애착의 중요성을 강조하지. 하지만 한때는 엄마들에게 '아이를 안거나 무릎에 앉히거나 뽀뽀를 하지 말라'고 한 적도 있어. 잦은 스킨십이 아이에게 심리적으로 해로운 영향을 준다면서 말이야. '아이와 함께 있되 아이와 상관없이 할 일을 하라'는 학자도 있었어. 진짜 정답이라면 이렇게 다른 의견들이 계속 나올 리가 없잖아. 그러니 '엄마 정답'은 진짜 정답이 아니라 사회가 만든 '사회적 정답'이 아닐까. 너무 연연하지 않아도 돼. 그보다 정말 '좋은 엄마'가 되고 싶다면 어떤 엄마가 좋은 엄마인지, 나만의 정의를 내리는 게 먼저일 거야.

'엄마'는 나의 여러 역할 중 하나

초등학교를 졸업하면 중학교에 입학하고, 중학교를 졸업하면 고등학교에 입학해. 우리는 자라오며 새로운 역할이 생길 때마다 기존 역할과 맞바꿔왔어. 그러다보니 엄마라는 역할도 그렇게 생각한 것 같아. 엄마가 됐으니 이전의 역할을 내려놔야 한다고 말이야.

그런데 엄마라는 역할은 기존의 역할 한 개와 맞바꾸는 거로는 부족하더라. 모든 역할을 내려놓고 엄마의 역할에만 몰두하지. '나=엄마'라고 여긴 거야.

나도 그랬어. 나 스스로를 '웅이 엄마'라고 소개했어. 아이를 낳기 전에는 내 이름을 부르시던 시어머니도 나를 '웅이 엄마'라고 부르셨고 '웅아'라고 부르는 어르신들도 계셨어. 이상하지 않았어. 아이와 나는 24시간 함께였고 내 일상이 아이의 일상이고 아이의 일상이 내 일상이었으니까.

그런데 아이를 재우고 밤늦게 세수를 할 때면 거울 속 내 모습이 낯설더라. 단정한 정장에 뾰족구두를 신고 거리를 누비던 나는 온데간데없고 머리를 감을 시간도 없어 하나로 질끈 묶고 있는 사람이 서 있었지. 그런 내가 초라해 보여서 가급적 거울을 보지 않으려고 했어. 아이 재롱에 웃고 있으면서도 중간중간 헛헛했어. '웅이 엄마'로 성장해 갈수록 '나'는 사라지는 것 같았지. 다들 비슷한가봐. 인터넷 커뮤니티에는 '자아실현은커녕 자아 유지라도 하고 싶다'라는 엄마들의 하소연이 종종 올라와.

그제야 엄마가 행복해야 아이도 행복하다는 말이 생각나더라. 보통 엄마들은 반대로 생각하지. 아이가 행복해야 나도 행복하다고 말이야. 물론 틀린 말은 아니야. 아이가 웃으면 나도 웃음이 나고 아이가 울면 내가 더 속상했어. 그렇지만 매 순간 그랬던 건 아니야. 아이와 단둘이 있는 집이 감옥 같을 때가 있었어. 너무 지쳐서 '이 아이를 낳지 않았다면' 하고 후회한 적도 있었어. 그건 이기적인 엄마이기 때문도 아니고, 모성애가 부족하기 때문도 아니야. 그냥 사람이라서 그런 거야.

엄마인 나도 중요하지만, 엄마가 아닌 나도 있어야 해. '아이를 잘 키우고 싶다', '아이에게 많은 걸 해 주고 싶다'라고 이야기들 하잖아. 생각해 보면 이런 바람들에는 항상 주어가 빠져 있어. 주어는 '나'야. 내가 아이를 키우고, 내가 아이에게 무언가를 해주지. 내가 없다면 아이에게 해 줄 수 있는 것도 없어.

그러니 내가 엄마로 변하는 것이 아니라, 엄마라는 역할을 내 안으로 품어야 해. 프랑스어에 '에킬리브르equilibre'라는 단어가 있어. 균형이라는 뜻으로 일과 가정을 포함해 삶의 어떤 역할도 다른 역할을 압도해서는 안 된다는 의미야. 마치 단백질과 탄수화물, 지방, 과일, 채소가 균형을 이룬 식단처럼 삶의 모든 역할이 균형을 이뤄야 한다는 거지. 물론 균형을 이룬다는 게 모든 역할이 삶에 있어서 같은 비중을 차지해야 한다는 뜻은 아니야. 단백질, 탄수화물, 지방의 권장 섭취량이 다르고 어른과 아이, 남자와 여자의 권장 섭취량이 또 다르잖아. 그렇듯 삶에는 다양한 역할이 있고, 역할마다 차지하는 비중은 달라. 또 그 비중은 삶의 단계에 따라 변할 수 있어.

엄마 역시 삶을 구성하는 역할 중 하나야. 아이가 태어나면 삶의 대부분을 투자해야 하는 아주 크고 중요한 역할이지. 그러다 아이가 자라면 엄마의 비중을 줄이고, 다른 비중을 키우며 삶의 균형을 맞춰가는 거야.

일과 아이 사이, 고민된다면

삶의 단계에 따라 역할의 비중을 조절하는 게 말처럼 쉽진 않아. 그나마 친구들을 덜 만나고 영화를 덜 보는 건 아쉽긴 하지만 내가 조절할 수 있는 부분이야. 하지만 일은 달라. 내가 원하는 대로 근무 시간을 바꿀 수도, 줄이기도 어려워. 아이는 자면서도 엄마를 찾는데 직장에 나가면 보통 (통근시간을 제외하고도) 오전 9시부터 오후 6시까지는 아이 곁을 비워야 해. 아이가 일어나기 전에 집을 나서고 잠든 뒤에야 집에 오는 날도 있을 거야.

말도 하지 못하는 아이를 남의 손에 맡길 생각만으로도 불안하지. 엄마인 나도 아이에게 욱할 때가 있는데 피 한 방울 섞이지 않은 남이면 어떻겠어? 그나마 친정엄마나 시어머니가 아이를 돌봐주시면 마음이 놓이겠지만 그렇지 않은 경우는 어린이집이나 베이비시터에게 아이를 맡겨야 해. 집밖에 있는 내내 신경이 쓰여.

그렇다고 사표를 내자니 현실적인 걸림돌들도 커. 둘이 벌어도 빠듯했는데 아이가 태어나니 필요한 돈은 더 많아. 그런데 수입은 줄어든다고? 허리띠를 아무리 졸라매도 매달 마이너스일 거야. 그리고 아이가 어느 정도 자라 다시 일하고 싶을 때, 일자리를 구할 수 있을까?

눈만 마주쳐도 환히 웃는 아이를 보면 '이런 아이를 두고 무슨 고민이야. 인생의 가장 소중한 걸 생각하자'라고 마음먹었다가도 신용카드 명세서가 도착하면 '이 소중한 아이를 부족한 거 없이 키우려면 직장에 나가자' 하는 마음이 들더라. 충분히 고민하면 답이 나올 줄 알았는데 고민하면 할수록 고민만 깊어졌어.

정답을 찾는 게 아닌 선택의 문제여서 그랬던 것 같아. 복직을 해도, 사표를 내도 각각의 장단점이 있으니 어떤 선택을 해도 다른 길에 대한 미련이 남을 수밖에 없어. 그러니 완벽한 선택은 있을 수 없다는 것부터 인정해. 오히려 진짜 중요한 것은 선택한 이후야. 완벽한 선택은 있을 수 없으니 선택한 이후에 그 선택을 올바른 방향으로 끌고나가는 것에 집중해. 내 선택을 정답으로 만들어가는 거지.

질문도 조금 바꿔봐. '일을 그만둬야 할까, 계속해야 할까?'가 아닌 '일을 그만두고 싶나, 계속하고 싶나?'를 너 자신에게 물어 봐. 현실적인 여건은 배제하고 네 마음을 온전히 들여다보는 거야. 솔직해져 봐.

또 '일 아니면 아이'라는 이분법적인 사고는 하지 않았으면 해. 많은 엄마들이 둘 중 하나를 선택해야 한다고 생각하거든. 복직을 하면 아이를 낳기 전과 같은 강도로 일을 하려고 하고, 사표를 내면 육아를 위해 사표를 냈으니 아이에게 '올인'하려고 해. 그러다보면 스트레스를 받게 되지.

아이를 낳기 전처럼 일할 수 없어. 상황이 변했잖아. 아이를 키우며 일을 할 수 있게 업무 강도를 조절하는 게 맞아. 그래야 오래 일할 수 있어. 육아에 전념하려고 사표를 냈어도 아이에게만 몰두하지는 마. 언젠가 다시 일할 거라는 생각으로 관련된 공부를 하거나 새로운 커리어를 개발하도록 해. 취미를 즐기는 것도 좋지. 너를 지켜가면서 아이와 함께해야 엄마 노릇도 잘할 수 있어.

그리고 어떤 선택을 해도 육아는 남편과 같이하는 것임을 잊지 마.

남편이 아빠로 성장할 '틈' 만들기

부모가 되면 남편과 한 팀이 되어야 한다고 했잖아. 한 팀이 되는 지름길은 남편을 믿는 거야.

결혼을 할 때만 해도 이 남자와 함께라면 세상에 못할 일이 없을 것 같았어. 세상 듬직한 남자가 따로 없었지. 그런데 아이를 낳으니 세상 못 미더운 남자가 되더라. 도움이 필요할 때면 친정 엄마나 언니, 주변의 엄마들이 먼저 생각나는 거야. 당연했어. 내가 경험이 없으니 경험이 있는 사람들의 도움과 조언이 필요했으니까. 남편은 나보다 더 모르는 사람이었지. 그래서 친정엄마, 언니와 더 자주 연락하고 더 많은 걸 나누게 됐어. 동시에 그럴수록 남편이 소외됐던 것 같아. 내가 주변 사람들의 도움을 받으며 엄마로 성장할 동안 남편은 아빠로 성장할 기회를 빼앗긴 거지. 나에게 남편은 더더욱 못 미더운 사람이 됐고.

나는 직업 특성상 주말에도 출근을 해. 평일에는 내가 출근한 동안 베이비시터 이모님이 아이들을 돌봐주시니 큰 문제가 없는데 주말에는 이모님이 오실 수 없어. 복직 초기에는 시어머니, 친정엄마, 언니, 형님이 총동원되어 순번대로 돌아가며 우리 집에 와주셨지. 그런데 이것도 민폐야. 황금 같은 주말인데 매번 부탁을 드리기 죄송했어. 주말에 출근할 때마다 죄인이 된 기분이었지. 그런 나를 보고 한 선배가 그러더라. "남편도 주말에 출근해?" 아니, 그렇지 않아. "남편이 애들 보면 되겠네. 뭐가 걱정이야?" 남편이 집에 있긴 하지. 하지만 남편은 혼자서 아이를 돌본 적은 없는걸. 그때까지만 해도 아이들 낮잠을 재운 적도, 응가 기저귀를 처리한 적도 없었지. 그러니 남편에게 아이들을 맡길 엄두가 나지 않았어. 그런데 선배가 한마디 더 하더라.

"너의 남편이지만 아이들 아빠야. 닥치면 다 해. 남편이 미덥지 않으면 아이들 아빠를 믿고 맡겨 봐."

그 말에 용기를 냈어. 출근하는 주말, 아무도 부르지 않았어. '초보 아빠'인 남편에게 아이 둘을 맡겼지. 집을 나서면서도 발걸음이 떨어지지 않더라. 출근해서도 무슨 일이 생긴 건 아닌지 스마트폰을 손에 쥐고 놓지 못했지. 뛰다시피 퇴근해서 집에 오니 남편도, 첫째도, 둘째도 무사했어! 집안꼴은 차마 눈 뜨고 볼 수 없었지만, 걱정과 달리 남편이 해냈어. 심지어 갈수록 더 잘했어! 혼자 아이 둘을 돌본 첫날은 내가 출근해 있는 동안 전화를 30통쯤 하더니 그 다음주에는 20통, 그 다음주에는 10통으로 점점 줄었지. 아이들도 점차 아빠와의 시간을 즐기기 시작했어.

돌이켜보면 내가 남편을 믿지 못해서 남편이 아빠로 성장할 기회를 막았던 것 같아. 성장하려면 시행착오가 필요한데 작은 아이를 '울릴 게 뻔한' 남편에게 맡기기 싫었던 거지. 연구 결과에 따르면 육아에 소외된 아빠들은 실제로 아이로부터 물러나거나 직장 생활에 더 몰두한다고 하더라. 뜨끔했지.

아마 너도 남편이 못 미더울 거야. 그럴 때 남편도 아이를 사랑한다는 사실을 기억해 봐. 내가 아이를 잘 돌보고 싶은 것처럼 남편도 그 마음은 똑같거든. 그러니 남편의 어설픈 모습보다 아이를 사랑하는 마음을 먼저 보도록 해. 주변에 도움을 청하기 전에 남편에게 같이 해 보자고 얘기하는 거야. 그렇게 하나둘 같이 하다보면 남편도 어느새 '육아빠'가 될 거야.

최고의 산후도우미는 남편

은혜-지석 씨 부부는 임신 3개월 차 부부입니다. 지난달 배 속 아이의 심장 소리를 처음 들었죠. 태아의 심장 소리를 들으면 부모가 된다는 게 실감이 난다더니, 두 사람도 마찬가지였습니다. 아이의 심장 소리에 눈물이 흘렀습니다. 그리고 마음이 바빠졌습니다. 주변에서는 산후조리를 어떻게 할지부터 결정하라고 했습니다. 크게 산후조리원에 가거나 산후도우미의 도움을 받거나, 두 가지 방법이 있었습니다. 주변에 조언부터 구했습니다.

얼마 전 출산한 친구는 산후조리원에 2주간 머물렀습니다. 아이는 신생아실에서 돌봐주니 몸조리에 집중할 수 있어 좋았답니다. 그리고 하루 이틀 차이로 출산한 엄마들이 모여 있다보니 금세 친해져서 지금도 '산후조리원 동기'라는 이름으로 연락을 주고받는답니다. 또 퇴원하자마자 집으로 돌아가 아이를 돌보는 게 겁나기도 했는데 산후조리원에서 아이를 안는 법부터 젖 물리는 법, 목욕을 시키는 것도 옆에서 보조하며 배워 불안한 마음을 조금 줄일 수 있었다고 했습니다. 또 다른 친구는 산후도우미를 고용해 집에서 산후조리를 했습니다. 경제적인 이유가 가장 컸습니다. 산후조리원에 2주 머물 비용이면 출퇴근 산후도우미를 두 달 고용할 수 있습니다. 친구는 경제적 상황과 몸 회복 기간을 고려해 산후도우미를 한 달 고용하기로 했습니다. 집에서 산후조리를 하면 산후도우미가 나와 아이만 돌보면 되니 더 집중적인 도움을 받을 수 있다는 점도 끌렸습니다. 나랑 맞지 않는 분이 배정될까봐 걱정이 됐지만, 미리 원하는 바를 정확히 이야기해 성향이 비슷한 분으로 배정받았습니다. 첫 2주는 몸조리에 집중했고 이후 기간에는 산후도우미에게 신생아 돌보는 법을 배우며 같이 생활했더니 계약 기간이 끝나도 큰 어려움 없이 아이를 돌볼 수 있었다고 했습니다. 두 친구는 산후조리원도 산후도우미도 모두 장단점이 있으니 나에게 맞는 쪽을 선택하라고 했습니다. 그러면서 한 가지를 강조했습니다. 어느 쪽을 선택해도 남편과 같이 있으라는 것이었습니다.

임신 중 여성은 근로기준법 제74조 규정에 의하여 출산 전과 출산 후를 통하여 90일의 출산휴가를 부여받습니다. 반면 배우자는 남녀고용평등과 일·가정 양립 지원에 관한 법률 제18조의 2항에 의해 최대 5일간의 출산휴가를 부여받죠. 이 말은 아이가 태어나고 5일이 지나면 아빠는 아침에 출근해서 저녁에 퇴근한다는 뜻입니다. 엄마가 된 내가 온종일 아이를 돌보며 육아에 익숙해져 가는 동안 남편은 잠든 아이를 보고 출근해 온종일 일을 하다 퇴근해 잠든 아이를 바라봅니다. 친구들은 남편이 출산휴가에 일반휴가를 이어서 쓰면 큰 도움이 된다고 조언했습니다. 보통 남자는 여자보다 아이 돌보는 것을 더 겁내는데 출산 직후, 엄마가 우왕좌왕하며 실수하는 걸 보고 같이 시행착오를 겪으면 '나도 할수 있겠구나' 하고 아이를 돌볼 용기를 낸다면서요. 고개가 끄덕여지는 조언이었습니다. 그래서 지석 씨는 올해 휴가를 아끼는 중입니다. 모아뒀다가 아이가 태어나면 쓰려고요. 그렇게 두 사람은 같이 우왕좌왕하며 함께 부모가 되어가기로 했습니다.

실천하기

산후조리, 남편은 어떻게 도와줄 수 있을까요?

1. 식사를 챙겨주세요.
   산후 아내가 먹을 수 있는 식사를 챙겨주세요. 미역국을 큰 냄비에 많이 끓여놓고 아내가 좋아하는 밑반찬들을 미리 준비하는 것만으로 식사 준비가 훨씬 수월하답니다.
2. 깨끗한 환경을 솔선수범하여 만들어주세요.
   출산 후 가벼운 움직임은 가능하지만 근육과 뼈가 자리를 잡기 위해 최소 한 달간은 집안일을 하지 않는 게 좋아요. 틈틈이 청소, 빨래, 설거지를 해서 깨끗한 환경을 유지해 주세요.
3. 모유 수유 중에는 물을 건네주세요.
   수유 중에는 자주 목이 말라요. 그럴 때 물을 건네주세요. 마시기 편하게 빨대를 꽂아주시면 센스 만점!
4. 칭찬과 함께 아내의 휴식 시간을 만들어주세요.
   출산 후 정돈되지 않은 모습에 아내는 자존감이 많이 떨어져요. 지금 있는 모습도 충분히 예쁘다고 칭찬을 많이 해 주시고 항상 격려해 주세요. 그리고 아내도 잠깐 쉴 수 있는 시간을 꼭 확보해 주세요.

엄마 노릇, 제대로 하고 싶다면

"너 이제부터 최소한 50년은 엄마야."

　주희 씨가 임신했을 때 친정엄마가 해 준 말입니다. 아이가 태어나면 안아달라고 할 때마다 안아주고, 예쁜 옷만 입히고, 몸에 좋은 거 많이 먹이고, 말 그대로 '최고의 사랑'을 줄 거라고 호기롭게 다짐했었습니다. 그럴 때마다 친정엄마는 웃으시며 "너무 애쓰지 마라. 엄마 노릇은 마라톤이야"라고 하셨습니다. 주희 씨는 마라톤이면 더 잘 됐다고, 오래오래 사랑을 줄 수 있어 다행이라고 받아쳤습니다. 엄마 눈에는 내가 아직도 아이로 보이느냐고, 나도 이제 한 아이의 엄마니 걱정하지 말라고 큰소리도 쳤고요.

　아이를 낳고는 더 열심이었습니다. 마음과 달리 엄마 노릇에 서툰 자신을 보며 더 노력했습니다. 온종일 동동거리며 아이를 챙기고 집안일을 했습니다. 그러다 결국 몸살이 났습니다. 열이 치솟고 온몸이 쑤셨습니다. 친정엄마께 SOS를 했습니다. 한달음에 달려오신 엄마는 문을 열자마자 "엄마가 뭐랬어. 너무 애쓰지 말랬잖아"라고 하셨습니다. 엄마를 보자마자 눈물이 났던 참입니다. "어떻게 애를 안 써! 저 조그만 게 나만 쳐다보고 있는데!"라며 애먼 화풀이를 했습니다.

엄마는 주희 씨를 꼭 안아주시며 "이것 봐라. 서른 넘은 딸도 엄마가 필요하잖아. 한번 엄마면 죽을 때까지 엄마야. 끝까지 엄마 노릇을 잘하려면 너를 챙겨가면서 해야 해"라고 하셨습니다.

주희 씨는 그날 엄마라는 역할을 다시 생각하게 됐다고 했습니다. 아이가 어느 정도 자랄 때까지는 아이에게만 집중하고 예전의 생활로 돌아가려고 했었답니다. 그런데 이제 그 마음이 엄마 노릇을 단거리 달리기로 본 것임을 알게 됐습니다. 올해 6살인 아이를 키우는 지인은 "내년에 아이가 입학하면 회사를 그만둬야 하나 고민된다"라고 했습니다. 그 시기를 지난다고 끝이 아닙니다. 초등학교에 들어가면 사춘기가 있고, 사춘기를 지나면 '중2병', 엄마도 같이 수험생이 된다는 고3도 있습니다. 한마디로 아이에게 엄마는 평생 필요합니다. 그러니 '어느 정도 자랄 때까지'의 기준은 없습니다.

주희 씨는 아이가 자란 뒤 다시 나로 돌아가려던 다짐을 아이를 키우며 나도 키운다는 생각으로 바꿨답니다. 엄마의 말씀처럼 육아는 단거리 달리기가 아닌 42.195km 마라톤임을 알았답니다. 마라톤을 전속력으로 달리면 완주할 수 없듯 엄마 노릇도 '너무 애쓰지' 않기로 했답니다. 할 수 있는 만큼의 최선을 다하며, 때로는 속도를 조절해가며, 하루하루 성장하는 엄마가 되기로 했습니다. 나를 챙겨가며 엄마 노릇을 하는 것이죠.

그렇게 생각하니 긴장이 풀리더랍니다. 아이에게 집중하려고 밥도 국에 말아 후루룩 마시곤 했는데 이제 "잠깐만, 엄마도 밥 먹고 놀아줄게"라고 말할 수 있는 여유가 생겼습니다. 나에게 중요한 일이라면 엄마가 되기 전과 같은 에너지를 쏟을 수는 없어도 내 생활에서 배제하지는 않기로 했습니다. 엄마가 되고는 연락도 하지 못했던 친구에게 먼저 연락을 해서 만날 약속을 잡고, 남편에게 아이를 맡기고 혼자 외출도 합니다. 그리고 이제 자신 있게 말합니다. 나를 잃지 않으며 엄마가 되는 법을 아이에게 알려주는 것도, 엄마 노릇 중 하나인 것 같다고 말입니다.

실천하기

하루에 한 시간, 오로지 나를 위해 쓸 수 있는 시간이 주어진다면 무엇을 하실 건가요? 하고 싶은 일을 차례대로 적어보세요. 그리고 부부가 상의 후 짧더라도 서로 혼자만의 시간을 가져보세요.

1.
2.
3.
4.
5.

아이는 부모의 시간을
먹고 자란다

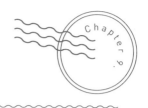
아빠가 된 동생에게

좋은 아빠의 첫걸음, 시간 내기

임신했을 때 남편과 전망 좋은 카페로 데이트를 하러 갔었어. 옆 테이블에 50대 중반으로 보이는 아빠와 대학생인 것 같은 딸이 앉았는데 도란도란 이야기가 끊이질 않더라. 참 좋아보였어. 흐뭇하게 바라보고 있는데 나는 우리 아빠랑 단둘이 저런 시간을 가진 적이 있던가 싶었어. 더듬고 더듬다보니 생각나더라. 고3 때 야간자율학습이 끝나면 엄마가 늘 마중을 나오셨어. 하루는 엄마가 아파서 아빠가 대신 오셨지. 엄마랑은 계란빵을 나눠 먹고 수다를 떠느라 일부러 천천히 걷던 길이 아빠랑 둘이 걷고 있으니 너무 어색하고 긴 거야. 나도 모르게 발걸음을 재촉했지.

참 이상하지. 엄마만큼이나 아빠를 좋아하고 사랑하고 존경해. 그런데 아빠가 편하진 않아. 엄마 앞에서는 내 속을 다 꺼내 보여줄 수 있는데, 아빠 앞에서는 그게 잘 안 돼. 왠지 모를 거리감이 느껴진다고 할까? 그래서인지 어렸을 때부터 아빠에게 고민을 털어놨다는 아이들을 보면 신기했어. 솔직히 말하면 지금도 신기해. 그래서 옆 테이블 부녀가 부러웠고.

집으로 돌아오며 남편과 그 부녀 이야기를 나눴어. 20년 뒤 배 속의 우리 아이도 아빠와 데이트를 하는 사이가 되면 좋겠다고 말이야. 남편도 '친구 같은 아빠'가 되고 싶다고 했지. 그런데 도무지 방법을 모르겠더라.

엄마는 친구 같은데 아빠는 왜 친구 같지 않을까부터 생각해봤어. 나를 사랑하는 마음, 내가 잘되길 바라는 마음은 모두 같아. 하나 차이가 있다면 함께하는 시간이었던 것 같아. 친구를 생각해 봐. 아무리 친해지고 싶어도 자주 만나야 친해질 수 있어. 자식과 부모 사이도 마찬가지야. 같이 있어야 한 번이라도 더 안아주고 눈도 한 번 더 마주칠 일이 생겨. 책을 읽어주고 놀이터에 같이 나가야 추억이 쌓이고 나눌 이야기가 생겨. 그런데 아빠와는 그럴 시간이 부족했던 것 같아.

아빠와의 데이트가 어색했던 건 아빠와 데이트를 한 적이 없기 때문인 거지. 아빠와의 데이트를 즐기고 싶다면? 간단해. 데이트할 시간을 내면 돼. 어른이 되어 갑자기 데이트를 하려면 어색해. 기왕이면 가급적 어릴 때부터 아이와 함께하는 시간이 많으면 좋겠지. 전문가들도 일단 아이 곁에 있는 게 중요하다고 하더라. 그만큼 곁에 있는 습관 자체가 중요하다는 거야.

아이는 순식간에 자란다

그래서 아이가 태어나면 남편도 되도록 정시에 퇴근하기로 했어. 말은 간단하지. 그런데 이 간단한 게 실천하기는 어렵더라. 우리나라는 OECD 최장 노동시간 국가잖아. 야근에 회식은 기본이고 주말 출근도 잦아. 퇴근 후에도 카톡으로 업무 지시가 내려올 때가 있으니 하루 24시간 직장 생각을 멈출 수 없어.

아이가 태어나고 얼마 지나지 않았을 때였어. 남편의 야근이 이어졌고 아이가 잠들고 나서도 한참 뒤에야 집에 왔지. 잠든 아이를 보면서 "모르면 미안하지라도 않지, 알면서도 실천을 못하니 더 미안하네"라고 혼잣말을 하더라.

아마 아이와 함께 있고 싶고, 아이와 함께하는 시간이 중요하다는 걸 알면서도 일찍 퇴근하지 못하는 게 마음에 걸렸던 것 같아. 요즘 아빠들, 아이를 같이 키우고 싶어 해. 숙명여대 조벽 교수의 표현처럼 '아부지(我不知·나는 모른다)'가 되고 싶어 하는 아버지는 없어. 누구도 자식에게 "아빠가 나한테 해 준 게 뭔데!"라는 말을 듣고 싶어 하지 않아. 아버지가 양육에 참여한 아이들은 스트레스와 실패를 견디는 힘이 더 크고 자신과 상황을 통제하는 능력이 뛰어나다는 '아버지 효과Father effects' 정도는 이미 알고 있어.

그럼에도 불구하고 정시 퇴근이 쉽지는 않아. 엄마가 아이를 돌본다는 이유로 퇴근할 때는 적어도 "왜 네가 아이를 돌봐야 하냐?"라고 묻는 사람은 없어. 반면, 아빠가 그러면 "애들 엄마는?" 이라고 묻지. 부모가 아이를 돌보는 게 당연한데 우리 사회는 아직 아이는 엄마가 돌보는 것이라고 생각하니까. 그러다보니 남자가 육아휴직, 유연근무제 등 아이와 관련된 제도를 쓰는 경우 여자가 쓸 때보다 더 큰 불이익과 눈총에 시달려. 실제로 인구보건복지협회의 조사 결과에 따르면 육아휴직을 낼 때 여자는 '재정적 어려움(49%)'을 가장 우려했지만 남자는 '진급 누락 및 인사고과에 대한 부정적인 영향(33%)'을 꼽았어. 사회 분위기가 바뀌고 있다고는 하지만 아직 갈 길이 먼 게 사실이야. 그렇다고 사회가 바뀌길 기다리고만 있을 수는 없잖아. 그 사이에도 우리 아이들은 자라고 있는걸.

지난해 친한 남자 후배가 아빠가 됐어. 외근과 술자리가 잦은 부서에 있었는데 아내가 임신하자마자 야근이 많지 않은 부서로 옮겼어. 워낙 활동적인 편이라 업무에 잘 적응할 수 있을까 걱정이었는데 얼마 전에 통화해 보니 만족한다더라. 업무 재미가 덜하긴 하지만, 가족들과 시간을 보내니 하루가 더 보람차다는 거야. 물론 부서를 옮기겠다는 결정이 쉽지는 않았대. 일본의 대표적인 '육아빠' 오타 도시마사의 이야기를 듣고 마음을 굳힐 수 있었다고 하더라. 오타는 바빠서 아이와 시간을 보내지 못한다는 아빠들에게 이렇게 묻는다고 해. "아이가 아빠를 찾으면서 무조건 안겨오는 시기는 아마 초등학교에 들어가기 전까지겠지? 만약

에 아이가 여섯 살이 될 때까지 매주 일요일을 아이와 함께 보낸다면, 이 기간이 당신 인생 중 몇 퍼센트나 될 것 같아?"

정답은 1%. 아이가 여섯 살이 될 때까지 일요일은 약 300일, 그리고 인간의 일생은 약 3만 일이지. 30,000분의 300은 1%야. 후배는 이 이야기를 듣고 "내 인생의 1%는 아이가 원할 때 내주자"라고 마음을 먹었다고 했어.

아이가 자라는 건 순식간이야. 아침이 다르고 저녁이 또 달라. 아이를 먼저 낳은 선배 부모들은 "지금 그 예쁜 모습 많이 봐둬라. 지나가면 다시 돌아오지 않는 시간이야"라고 조언해. 통계청에서 실시한 사회 조사에 따르면 우리나라 청소년 100명 중 3.5명만이 고민이 있을 때 아버지에게 상담하고 있다고 답했어. 섬뜩한 결과이지 않아?

물론 아이와 보낼 시간을 확보하다보면 사회에서의 입지가 흔들릴 수 있어. 그럴 때 입지가 흔들리는 게 아니라 내가 이 사회를 흔든다고 생각하면 어떨까? 사회를 흔드는 부모들이 하나둘 늘어날 때 정말 이 사회가 흔들릴 수 있을 것 같거든. 이것 또한 우리가 우리 다음 세대를 위해 해야 할 일이라고 생각해.

모성애? 만만치 않은 부성애!

시간을 냈다면, 이제 용기를 낼 차례야.

결혼을 준비하며 신혼집에 화분을 놓을까, 어항을 둘까 고민했었어. 남편에게 상의하니 이렇게 답하더라.

"난 살아 있는데 말 못하는 게 제일 싫어."

살아 있는데 의사소통이 안 되면 뭘 해 줘야 할지 알 수 없어서 무섭대. 그러니 강아지, 고양이는 물론 식물, 물고기 등 그 어떤 '생물체'도 신혼집에 들이지 말자더라. 웃기기도 하고 귀엽기도 하고…. 그러자고 했지.

난 이 '생물체'에 아기가 포함된다는 걸 엄마가 되고 나서야 알았어. 상상도 못했지. 아이가 살아 있는데 말을 하지 못하는 건 맞지만 내 새끼잖아. 내 새끼는 다르다고들 하잖아. 그런데 남편은 내 새끼라서 더 무섭다고 했어. 아이를 남편에게 안겨주면 망부석이 되어서 5분이고 10분이고 그 자리에 그 자세로 그대로 굳어버렸어. "가만있지 말고 얼러봐"라고 하면 "그러다 떨어뜨리면 어떡해?"라고 말하더라니까.

우리 남편만의 이야기가 아니야. 아빠가 된 후배들도 "마음은 있는데 뭘 어떻게 해야 할지 모르겠다"라는 얘기를 자주 해. 그럴 때 즉효약은 내 '육아 실패담'을 들려주는 거야.

"나 우리 애 어렸을 때 팔 빠질 뻔 했었어. 밤에 잘 안자는데 안고 흔들흔들 해 주면 잘 자더라고. 그래서 몇 일 흔들어주다가 나중엔 팔이 아파서 못했지. 그런데 알고보니 '흔들린 아이 증후군'이 있더라고. 팔이 아파서 그만 흔든 게 다행이다 싶었어."

후배들은 깔깔대고 웃으며 "저도 그랬는데! 엄마는 다른 줄 알았는데 똑같네요"라고 해. 맞아. 엄마도 똑같아. 그걸 알려주고 싶은 거야. 엄마는 다른 것 같아 보이지만, 달라진 것뿐이거든. 엄마들이 아이를 잘 돌보는 건 엄마들이 아이를 더 많이 돌봤기 때문이야.

흔히들 엄마의 모성애를 말하지만 아빠에게도 만만치 않은 부성애가 있어. 아내가 임신한 순간부터 남편의 신체도 변하기 시작한다는 거 알아? 미국 노스웨스턴대학 인류학과 팀이 남성들의 호르몬 변화를 추적 조사한 적이 있는데 자녀가 생긴 남자들은 미혼인 남자들에 비해 테스토스테론이 큰 폭으로 감소했어. 테스토스테론은 남성성을 대표하는 호르몬이지. 남성 특유의 공격성도 이 호르몬 덕분이잖아. 아이를 돌보기 위해 호르몬 분비도 바뀌는 거야. 이렇게 아빠의 몸도 아이를 맞이할 준비를 하고 있으니 덜 겁내도 돼.

그리고 겁나는 건 아이를 열 달 품고 있던 나도 똑같아. '내가 대체 무슨 용기로 엄마가 됐을까?' 하고 머리를 쥐어뜯은 게 수십 수백 번 인걸. 그런데 그 혼잣말은 아이와 함께하는 시간이 쌓일수록 줄어들었어.

그래도 겁이 난다면 육아가 회사의 프로젝트라고 생각해 봐. 그 프로젝트에 네가 주요 보직으로 소집된 거야. 이 프로젝트는 회사의 역점 사업이라 아주 중요해. 그런데 너는 한 번도 경험해 보지 않은 분야라 낯설고 자신이 없어. 그렇다면 "저 못할 것 같습니다"라고 발 뺄래? 아니면 "해 보겠습니다" 하고 달려들래? 아마 후자를 선택할 거야. 커리어는 중요하니까. 힘들긴 하겠지만, 해내면 그만큼 성장하고 인정을 받을 테니까.

육아라는 프로젝트도 마찬가지야. 준비된 아빠는 없어. 달려

들어서 익숙해진 아빠만 있을 뿐이지. 육아는 네 인생의 가장 중요한 프로젝트 중 하나야. 그러니 겁내지 말고 뛰어들어봐. 장담컨대 한번 육아에 뛰어들면 더 깊이 빠져들 거야.

육아와 살림은 한 몸

가끔 남편에게 아이들을 맡기고 외출을 해. 집에 돌아오면 문을 열기 전에 심호흡을 크게 세 번 하지. 그리고 눈을 감고 바닥에 우유가 쏟아져 있고 과자 봉지가 휘날리며 그 위로 장난감들이 제멋대로 흩어져 있는 장면을 떠올려. 최악의 상황을 머릿속으로 그린 뒤 '이보단 나을 거야'라고 생각하며 문을 열어.

상상보단 낫지만 늘 그렇듯 '흡' 하고 숨이 막히는 풍경이 펼쳐져. "엄마" 하며 달려오는 아이들을 품에 안고 거실을 스캔하면 '아 오늘 아이들이 모래놀이를 했고 점심은 라면을 먹고 간식으로 사과를 먹었군' 하고 남편에게 묻지 않아도 거실에 남은 잔재들로 하루 일과를 짐작할 수 있어.

왜 남편이 아이를 돌보면 매번 집이 난장판이 되는지 궁금했는데 가만 보니 남편은 아이를 돌볼 때 아이만 돌보더라. 보통 엄마들은 아이를 돌볼 때 관련된 집안일을 같이하거든. 가령 아이 옷을 갈아입힌다면 남편은 첫째, 옷을 꺼내온다(정확히는 엄마가 미리 꺼내 둔 옷을 들고 온다). 둘째, 입고 있던 옷을 벗긴다. 셋째, 옷장에서 꺼낸 옷을 입힌다. 3단계로 끝나. 내가 하면 한 단계가 더 있지.

넷째, 벗은 옷을 세탁기에 넣는다.

아이들과 놀 때도 남편은 놀고 놀고 또 놀아. 나는 놀고 정리하고 놀고 정리하고 놀지. 그러다보니 남편이 아이를 돌본 뒤에는 태풍이 지나간 것처럼 온갖 장난감이 다 나와 있는 거야. 물론 아이를 돌보는 것만으로도 훌륭해. 그런데 그렇다고 아이를 돌보기만 하면 집안일이 산처럼 쌓이지. 산사태는 발생하지 않을 정도의 집안일은 같이 해야 해.

가트맨이 초보 아빠들이 '다정한 아빠'가 되기 위해 할 수 있는 일을 목록화한 적이 있어. '자신이 얼마나 아이를 사랑하는지 말하기', '아이를 껴안아주거나 뽀뽀해 주기', '아기 기저귀 갈기', '밤에 아기가 깰 때 함께 일어나기', '아이가 진찰을 받으러 갈 때 데리고 가기', '냉장고나 냉동고 청소', '일주일 치의 음식 메뉴 계획' 등 총 167개의 일을 나열하고 이 중 6개를 고르라고 했어(6개만 하라는 게 아니라 6개부터 시작하라는 거야). 그런데 6개를 고를 때 4개는 육아에 관련된 것, 2개는 집안일을 고르라고 했지. 그만큼 다정한 아빠가 되기 위해서는 육아와 살림을 같이 해야 한다는 뜻이야.

그게 부부 사이에도 도움이 돼. 가트맨 교수는 아이가 태어나면 부부가 대화를 나누고 서로를 배려할 시간이 부족하다보니 정서적 친밀감이 낮아진다고 했어. 친밀감을 유지하려면 남편과 아내가 얽히고설킨 잡일과 의무의 미로에서 서로를 찾으려고 노력해야 한다고 해. 육아도 살림도 같이하며 서로에게 의지해야 한다는 거야.

육아도 낯선데 처음부터 살림까지 신경 쓰려면 힘들어. 만약 아직 아이가 배 속에 있다면 집안일이 태교라고 생각하고 설거지부터 해 봐. 설거지에 익숙해지면 아이가 태어나고 젖병을 삶는 것도 가볍게 할 수 있을 거야. 만약 아이가 태어났는데 아직 집안일에 서툴다면 일단 육아에 집중해. 아이를 돌보는 것에 익숙해지면 그때부터는 집안일도 하나씩 챙기는 것을 추천해.

육아의 고단함, 마음으로 함께해

그리고 하나 더. 육아는 마음으로도 하는 거야. 이건 네가 아빠여서 하는 말이 아니라, '부 양육자'에게 하는 말이야(네가 '주 양육자'고 아내가 '부 양육자'라면 이건 아내에게 하는 말이 될 거야).

임신했을 때 남편이 '선배 아빠'들을 만나고 온 날이었어. 좋은 아빠가 되려면 어떻게 해야 하는지 듣고 오겠다더니, 집에 돌아온 남편의 얼굴이 허무해 보이더라. '선배 아빠'들의 조언이 궁금해서 나도 남편만 기다리고 있었거든. "뭐래?"라고 물었더니 어깨를 으쓱하며 답했어. "마누라한테 잘하래." 응? 이건 또 무슨 소리? 황당했지. "좋은 아빠 되는 법을 물어본 거 아니야?" 하고 다시 물었어. 그랬더니 남편은 또 어깨를 으쓱하며 말했어. "맞아. 그런데 좋은 아빠가 되려면 좋은 남편부터 되라고 하더라고."

"역시 선배 아빠들이 최고네!"라며 웃었지만 속으로는 다들 좋은 아빠 되는 법을 모르나보다 생각했었어. 그런데 아이를 낳고 키우다보니 그 말이 정답이야.

육아는 아이를 돌보는 일이야. 누가 돌보지? 아내. 아내의 컨디션이 좋으면 육아도 잘하고 컨디션이 좋지 않으면 당연히 육아를 하기 어려워. 아내가 아이에게 화를 내면 "아이가 뭘 안다고 화를 내냐"라고 타박할 게 아니라 아내의 컨디션부터 살펴야 해. 힘들고 지치면 예민해져. 아내가 사소한 일로 화를 낸다면 휴식이 필요하다는 증거야. 그럴 땐 타박이 아니라 쉴 수 있게 해 줘야 해. 네가 아내에게 잘하면 아내가 아이에게 잘하게 되는 거지.

그런데 더 중요한 건 아내의 '마음 컨디션'이야. 아이를 돌보는 건 체력적으로도 힘들지만 마음이 흔들릴 때가 많거든. 출산 직후에 찾아오는 우울증을 산후 우울증이라고 하잖아. 육아를 하다가 스트레스를 받아서 '육아 우울증'에 걸리는 엄마들도 많아.

아이를 돌보다보면 사람이 그리워. 아이와 온종일 같이 있고 종알종알 말을 하는데도 이상하게 누군가와 얘기를 하고 싶어. 아이와 나누는 말이 대화는 아니기 때문이야. 신경정신학자인 루안 브리젠딘은 여자는 하루에 2만 1,000여 개의 단어를 말한다고 했어. 그런데 아이와 둘이 있다보면 '엄마', '맘마', '까까', '쉬', '지지' 등 몇 가지 단순한 단어만 반복해. 늘 '어른 사람'이 그립고 '어른 사람'과 대화를 나누고 싶은데 아이를 돌봐야 하니 누군가를 만나러 나가기도 어려워. 그러다보면 육아라는 섬에 갇힌 것 같아.

퇴근해서 집에 오자마자 아내가 졸졸 따라다니며 쉴 새 없이 얘기를 할 거야. 그토록 기다린 '어른 사람'이니까. 정신이 없겠지만 아내의 말을 들어주고 맞장구를 쳐 줘. 아내의 하루를 묻고 아이 돌보느라 수고했다고 격려해 줘. 너 또한 온종일 아이가 궁금했다고 이야기해 줘. 마음이 같이 있다는 걸 아는 것만으로도 아내는 육아가 덜 외로울 거야.

하루 10분 틈새 육아법

생후 15개월인 딸을 키우는 병일-은호 씨 부부에게는 얼마 전부터 꼭 챙기는 하루 일과가 있습니다. 딸아이의 양치질입니다. 은호 씨가 아침 양치질 담당, 병일 씨가 자기 전 양치질 담당입니다. 은호 씨가 복직을 하며 약속한 일과입니다.

두 사람 모두 돌쟁이 아이를 두고 출근하는 게 마음이 편하지 않았습니다. 특히 생후 3년까지는 안정적인 애착이 중요하다는데 딸아이는 세 돌이 되려면 아직 멀었으니까요. 한 육아서에서 아이가 생후 3년까지는 엄마 냄새를 하루 3시간 이상 맡게 해 줘야 하며 3일 이상 떨어져 있으면 안 된다는 '3·3·3 법칙'을 본 뒤로는 마음이 더 불편했습니다.

하지만 꼭 그런 것만은 아닙니다. 전문가들은 시간의 양보다는 질이 중요하다고 말합니다. 하루 15분으로도 아이와 안정적인 애착을 유지할 수 있다는 겁니다. 단 조건은 있습니다. 이 시간은 아이에게 온전히 집중해야 합니다. 마음을 다해 아이와 상호 작용하고 사랑을 충전하는 거죠. 이 조언을 들은 뒤에야 병일-은호 씨는 마음의 짐을 덜어낼 수 있었습니다.

일단 퇴근 후 일상을 최소화하기로 했습니다. 해야 할 일이 있으면 아이에게 집중하기 어려우니까요. 집안일은 가급적 줄이고 아이에게 집중하는 시간을 확보하기로 했습니다.

우선 저녁을 각자 회사에서 간단히 해결하고 퇴근하기로 했습니다. 퇴근하고 저녁을 차리고 먹고 치우면 아이를 재울 시간입니다. 아이가 어려서 아이 식사, 어른 식사를 따로 준비하다보니 시간이 더 걸립니다. 그래서 아이 식사만 챙기고 어른은 각자 회사 식당에서 먹고 오기로 했답니다.

한 지인이 "아이와 함께하는 시간이 적을수록 일상을 함께하라"고 조언했습니다. 바쁠수록 아이와 놀아주기에 집중하는데 그것보다는 매일 반복되는 일상을 같이하는 게 아이의 기억에 남는다는 겁니다. 생각해 보니 은호 씨도 어린 시절 아빠를 떠올리면 매일 아침 출근길에 꼭 안아주시던 게 생각납니다. 바빠서 은호 씨가 일어나기 전에 출근하셨지만, 은호 씨가 자고 있어도 깨워서 인사를 하셨답니다. 어린 마음에 "졸려~"하고 짜증을 내곤 했지만 자라고보니 그렇게라도 얼굴 한 번 보여준 아빠에게 감사했답니다. 아빠의 사랑이 느껴졌기 때문이지요.

그래서 병일-은호 씨도 아무리 바빠도 하루에 한 가지 일상은 아이와 함께하기로 했습니다. 일부러 빼먹으면 안 되는 것으로 정했습니다. 은호 씨가 아이를 어린이집에 데려다주고 출근하니 아침 양치질을 맡기로 했고, 자기 전 양치질을 병일 씨가 맡기로 했습니다. 간혹 퇴근이 늦어져도 병일 씨는 집에 오자마자 "저녁에 치카치카 같이하려고 아빠가 서둘렀지" 하고 딸아이를 불러

양치질을 해 줍니다.

병일 씨는 "아이가 태어난 뒤로는 가급적 퇴근을 서두르고 있지만 이렇게 '당번'까지 정하고 나니 더 의무감이 생긴다"고 했습니다. 아무리 늦어도 양치질을 할 시간까지는 집에 들어가려고 하게 된답니다. 일종의 '통금 시간'이 생긴 거죠.

두 사람은 "지금은 우리가 아이에게 양치질을 해 주지만, 조금 더 자라면 아침 저녁으로 셋이 나란히 서서 양치를 할 것"이라며 흐뭇한 표정으로 웃었습니다.

실천하기

육아도 타이밍, 사랑을 전하는 기적의 10분!

1. 아침에 10분
   "잘 잤어?"라고 인사도 하고 침대에서 뒹굴기도 해 보세요.

2. 퇴근 후 10분
   아이를 안아주고 씻기 전 아이랑 몸놀이를 해 주세요.

3. 자기 전 10분
   책을 읽어주세요. 한꺼번에 많은 양을 읽어주기보다 무리하지 않는 권수를 정해 매일 실천해 보세요.

부모성장
솔루션 6

주말, 부부의 역할 바꾸기

하윤-유준 씨 부부는 "부모는 톱니바퀴다"라고 말합니다. 4살 첫째, 2살 둘째를 키우며 톱니바퀴 생활을 시작했기 때문이랍니다.

두 사람의 평범한 저녁은 이렇습니다. 하윤 씨가 퇴근해서 집에 도착하면 저녁을 준비합니다. 식사 준비를 마칠 즈음 유준 씨도 집에 도착합니다. 네 식구가 같이 저녁을 먹은 뒤 유준 씨가 뒷정리를 하고 설거지를 합니다. 그동안 하윤 씨는 아이들을 씻기죠. 목욕을 끝내고 아이들과 놀고 있으면 유준 씨도 설거지가 끝납니다. 이제 유준 씨가 아이들을 돌보고 하윤 씨는 간단한 청소를 합니다. 그리고 9시가 되면 하윤 씨가 둘째를 재웁니다. 첫째는 유준 씨와 놀고 있다가 둘째가 잠들면 침실로 들어옵니다.

2년 전 하윤 씨가 복직하며 시행착오 끝에 찾은 패턴입니다. 이제는 "목욕시킬 시간이야", "책 좀 읽어줘"라고 말하지 않아도 각자의 할 일을 알아서 합니다. 척하면 척이지요.

그런데 이렇게 완벽한 일상이 흔들릴 때가 있답니다. 둘 중 한 사람이 야근하는 날입니다. 두 아이를 씻기는 날인데 하윤 씨가 갑자기 야근을 하게 되면 난감해집니다. 아이들 목욕은 아내 담당이라 유준 씨는 해 본 적이 없거든요. 게다가 둘째는 딸입니다.

첫째는 어찌어찌 씻길 수 있지만 둘째는 머리카락이 어깨까지 내려옵니다. 평생 짧은 머리였던 유준 씨는 딸아이의 머리를 어떻게 감겨야 할지 감도 오지 않습니다. 그래서 하윤 씨가 야근하는 날이면 유준 씨는 딸이 아무리 땀을 많이 흘렸어도 씻기지 않습니다.

'톱니바퀴'의 장점이자 단점입니다. 각자 맡은 역할은 매일 경험이 쌓이며 더 잘하게 되는데, 반대로 배우자가 맡은 역할은 내일이 아니기 때문에 관심 밖입니다. 점점 낯설어지죠. 그렇다고 가사분담을 하지 않을 수도 없습니다.

그러다 유준 씨가 어렸을 때 본 CF를 떠올렸습니다. "일요일은 내가 요리사"라며 아빠가 라면을 끓이는 CF가 있었습니다. 평소에 요리는 엄마 담당인데 주말이면 아빠가 한 끼를 차린다는 내용이었지요. 유준 씨는 '이게 방법이다' 싶었답니다. 두 사람은 CF처럼 주말에는 평일에 담당하던 역할을 바꾸기로 했습니다.

평일에는 하윤 씨가 요리를 하고 유준 씨가 설거지를 하니 주말에는 유준 씨가 요리를 하고 하윤 씨가 설거지를 하는 겁니다. 평일에는 하윤 씨가 아이 목욕을 시키고 유준 씨가 아이와 놀아주니 주말에는 하윤 씨가 아이와 놀아주고 유준 씨가 목욕을 시킵니다. 주말이니 두 사람이 같이 있고, 서로 미흡한 부분은 알려주고 채워줄 수 있습니다. 하윤 씨의 도움을 받아 유준 씨는 딸아이의 머리를 감겨줬습니다.

매일 같은 일을 반복하다가 주말에 역할을 바꾸면 지루함도 줄어듭니다. 또 서로가 집안일을 하는 방식이 다르다보니 '저게 더 효율적이겠다' 싶은 것들도 있습니다. 그런 건 서로의 방식을 따라해 봅니다. 이제 유준 씨는 말합니다. "역할을 바꿔가며 해 보니 이제 톱니바퀴를 넘어 '성장하는 톱니바퀴'가 된 것 같다"고요.

실천하기

평소 아내가 요리를 하고 남편이 설거지를 한다면 주말에는 역할을
바꿔보세요. 남편이 요리를 하고 아내가 설거지를 하는 거죠.
서로 익숙하게 하고 있는 역할을 5가지씩 적어보세요. 그리고 가끔씩
역할을 바꿔 실천해 보세요. 지루함을 줄이고 삶의 활력을 찾을 수 있
답니다.

	남편	아내
1		
2		
3		
4		
5		
	오늘은 아내가 해 보기	오늘은 남편이 해 보기

따로 또 같이,
가족의 균형을 잡다

타임푸어가 아닌
퀄리티타이머!

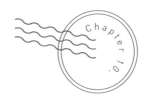
가족의 뿌리인 부부에게

우리 가족만의 분위기 만들기

'최선을 다하자.'

기억나? 우리 어렸을 때 학교에서 매년 가훈을 적어오라는 숙제가 있었잖아. 초등학교 2학년 때였던가, 선생님이 가훈을 적어오라고 하시는데 우리 집에 가훈이 있나 싶은 거야. 한 번도 들어본 적이 없었거든. 집에 오자마자 엄마한테 물었지. "엄마, 우리 집 가훈 있어?" 그랬더니 '최선을 다하자'라고 하시더라. 한 글자한 글자 또박또박 받아 적으며 다음 날 발표를 준비했었어.

드디어 발표시간. 1번 친구가 앞에 나갔는데 "우리 집 가훈은

'최선을 다하자'입니다"라고 발표를 하는 거야. '어? 우리 집 가훈
인데….' 도둑맞은 기분이었어. 그런데 4번, 9번 친구네 가훈도
'최선을 다하자'였어! 우리 집만의 자랑할 만한 가훈인 줄 알았는
데 너도나도 똑같은 흔해 빠진 가훈이라니, 힘이 쭉 빠졌지. 집에
와서 우리 집 가훈 바꾸자고, 친구들이랑 똑같다고 엄마한테 우
겼던 기억이 나.

그래서 그런가. 나에게 가훈은 '숙제용'이었어. 매년 학교에서
가훈이 숙제로 나오면 엄마 아빠에게 "우리 집 가훈 아직도 '최선
을 다하자'지?" 하고 묻는 정도로만 기억했지.

결혼을 하고, 부모가 되고 나니 가훈이 다시 보이더라. 부모님
을 떠올리면 말 그대로 모든 일에 최선을 다하시던 모습이 기억
나거든. 중요한 일은 중요한 대로, 사소한 일은 사소한 대로 열심
이셨어. '엄마가 이렇게 열심히 뒷바라지해 주시는데', '아빠가 이
렇게 열심히 일하시는데' 나도 엄마 아빠처럼 열심히 최선을 다
해야지 생각했었어.

가훈이어서, 가훈을 지키려고 최선을 다한 적은 없지만 엄마
아빠를 보며 나도 모르게 삶을 대하는 자세를 본받은 것 같아. 두
아이의 부모가 된 지금도 그 자세는 변함없어. 힘들고 지쳐서 여
기까지만 할까 싶다가도 '최선을 다했나? 조금 더 해 볼 수 있지
않나?' 하고 한 번 더 생각해 보고 힘을 내게 되거든.

그래서 피곤하기도 하지만 최선을 다하는 나 스스로가 기특
할 때가 많아. 이런 태도를 몸에 익게 해 주신 부모님께 감사드리
지. 그러면서도 가끔 친정에 가면 부모님께 "좀 대강 살고 싶어도

보고 자란 게 있어서 대강 살아지지가 않는다"라고 투정을 부릴 때도 있어. 그러면 부모님은 "우리는 그렇게 살라고 말한 적 없다"라며 발을 빼려고 하시지만, 머리 굵어진 자식이 가만있을 리 있나. "꼭 말로만 가르치는 건 아니거든!" 하고 쐐기를 박지.

그런 것 같아. 가정마다 분위기가 있어. 가족 구성원들은 그 분위기 안에서 숨을 쉬고 밥을 먹고 잠을 자고 생활하면서 분위기를 공유해. 물론 그 분위기는 집안의 두 어른인 엄마 아빠로부터 출발해. 부모님이 열심히 사는 모습을 보며 내가 삶에 최선을 다하는 것처럼 부모가 풍기는 분위기는 자연스레 자식들에게 공유되니까.

많은 기업이 올바른 기업 문화를 만들고, 그 문화를 정착시키려고 노력해. 기업 문화가 정착된 경우 경영진이 아니라 기업 문화가 직원들을 이끌기 때문이지. 가족도 마찬가지가 아닐까? 특히나 요즘처럼 각자 일상이 바쁜 가족들에게는 가족의 분위기가 공유되는 게 더욱 중요한 것 같아. 가족이 각자 떨어져 있어도 우리 가족만의 분위기를 바탕으로 생활할 테니까.

함께하는 시간? 함께하는 경험!

남편과 나는 아주 다른 사람이야. 닮은 사람들끼리 결혼을 해야 잘 산다고 하는데 우리 둘은 달라. 정반대지. 그런데 오히려 그래서 잘 맞는 것 같아. 서로 다른 사람이니 다름을 존중하려고 하거든. 같은 사안에 대해 의견이 달라도 굳이 의견을 맞추려고 하지 않아. '당신처럼 생각할 수도 있구나' 하고 고개를 한 번 끄덕이고 넘어가지.

그런데 부모가 되고는 우리가 너무도 다른 사람이라는 게 마음에 걸렸어. 엄마와 아빠가 다른 목소리를 내면 아이가 혼란스러워하지 않을까 걱정이 된 거지. 고민 끝에 '나와 남편이 다른 것처럼 아이도 우리와 다른 사람이다. 여태껏 서로의 다름을 존중한 것처럼 아이의 다름도 존중하자. 우리가 서로를 존중하는 모습을 보이면 아이도 혼란이 아닌 존중을 배울 것'이라는 생각에 다다랐어. 우리 가족의 분위기를 '존중'으로 하자고 결론을 내렸지. 이미 우리가 서로를 존중하고 있으니 앞으로도 잘해 보자면서 말이야.

그런데 문제는 분위기를 정착시키려면 아이에게 우리가 서로 존중하는 모습을 보여야 한다는 거야. 나만 해도 우리 집 벽에 '최선을 다하자'는 표구가 걸려있어서 최선을 다하는 태도를 익힌 게 아니거든. 부모님이 그렇게 사는 모습을 보면서 자연스럽게 익힌 거지. 아이에게 존중하는 태도를 보여주려면 존중하는 모습을 먼저 보여줘야 하는데 그러려면 같이 있는 시간이 필요하잖아.

물론 가급적 많은 시간을 같이하는 게 첫걸음이야. 하지만 사회생활을 하면서 최대한 시간을 확보한다고 해도 한계는 있어. 그렇다고 방법이 없진 않아. '양'이 부족하면 '질'을 높이는 거지. 함께하는 시간의 질을 높이는 거야.

'몸'만 같이 있는 가족을 많이 봐. 한 공간에 있지만 대화가 오가지 않아. "같이 놀자" 하고 아이가 불러도 눈도 마주치지 않고

"잠깐만"이라며 각자 할 일에 바빠. 잠깐만은 5분, 10분을 지나 30분을 넘기곤 해. 할 일을 끝내고 아이에게 다가가 보지만 이미 아이는 부모에게서 시선을 거둔 뒤야.

마음도 같이 있어야 해. 아이와 놀아주는 게 힘들다는 부모들이 많아. 놀아주니까 힘든 거야. 놀아주지 말고 같이 놀면 힘들지 않아. 아이를 핑계로 어린 시절로 돌아가 보는 거야. 같이 그림을 그리고, 블록을 조립해 봐. 어렸을 때 우리도 즐겁게 했던 일들이잖아. 다시 하면 그때의 추억이 떠오를걸? 아이를 씻기는 게 아니라 같이 욕조에 들어가서 물놀이를 하고, 어떻게 놀아야 하나 고민될 땐 그냥 침대에서 뒹굴어 봐. 비행기를 태워주고 베개 싸움을 하면 놀이 겸 운동도 될 수 있어. 온종일 사무실에 앉아 있느라 찌뿌둥한 몸이 즐거워할 거야.

부모가 되니 아이가 웃을 때 가장 기분이 좋아. 한 번이라도 더 웃게 하려고 '몸개그'까지 불사하지. 그런데 한 선배 부모가 그러더라. 아이를 웃게 하려고 애쓰지 말고 너부터 웃으라고. 맞는 말이었어. 내가 웃으면 아이도 웃어. 내가 즐거울 때 아이도 즐거워. 그러니 아이와 함께 즐거운 경험을 나눠 봐.

가족이라는 한 팀 되기

아이에게는 부모와의 애착이 중요하다고 해. 나도 아이들과의 관계에서 가장 신경 쓰는 부분이야. 충분히 사랑하고 안정적으로 돌보면 애착이 잘 형성될 거라고 생각했었지. 그런데 발달 심리학자 고든 뉴펠드에 따르면 애착에도 6단계가 있어.

첫 단계는 아이와 부모가 가까이 있으면서 손길과 접촉을 주고받는 '근접성'이야. 세 살 즈음이 되면 부모를 흉내 내며 부모와 똑같아질 방법을 찾는 '동일성'을 거쳐 "엄마랑!(물론 아빠랑!이라는 아이도 있어)"을 고집하는 '소속감 / 충성 단계'에 접어들어. 이 단계의 아이는 '우리 엄마'라며 엄마에 대한 강한 소유욕을 보이고 무얼 해도 엄마랑 같이하려고 해.

다섯 살 즈음이 되면 아이는 부모에게 자기 존재의 중요성을 확인받고 싶어 해. 엄마 아빠가 꼭 안아주며 사랑한다고 말할 때 강한 애착을 느끼며 자신이 소중한 존재라고 여기지.

그렇게 여섯 살 즈음이면 진정한 애정이 시작돼. 여기까지 단계별로 애착이 잘 형성된 아이라면 일곱 살 이후에는 부모에게 고민을 털어놓고 부모의 의견을 중요하게 여기는 '자신을 알리기'에 접어든다는 거야.

뉴펠드는 애착을 형성하는 데 있어서 아이가 잘하는 것을 부모가 아이에게 배우거나, 여행에 가서 같이 찍은 사진을 보면서 이야기를 나누거나, 공통으로 좋아하는 것을 같이하는 것 등이 도움이 된다고 했어. 결국 애착도 부모와 아이 사이의 쌍방향적인 관계인 거지. 조금 더 넓게 보면 가족이라는 한 팀 안에서 형성되는 거였어.

첫째가 네 살 때였던가, 물고기를 키우자고 하더라. 물고기를 키우려면 밥도 잘 줘야 하고 어항도 자주 청소해야 한다고 하니 그럼 더 좋다고, 엄마 아빠랑 같이 밥도 주고 같이 청소하고 싶다고 했어. 아이의 간절한 눈빛에 (여전히 말을 못하는데 살아 있는 걸 싫어하는 남편도!) 넘어갔지. 같이 무언가를 키우는 경험도 좋은 공부가 될 것 같더라고.

기대 이상이었어. 아이는 물고기의 '공동 양육자'로 한 몫을 단단히 해냈어. 시키지 않아도 물고기 먹이를 챙기고 물고기들이 잘 놀고 있는지 수시로 체크했어. 퇴근해서 집에 오면 "엄마, 나 물고기 밥 줬어! 엄마가 안 줘도 돼"라고 자랑을 하기도 하고 "우리가 같이 청소해서 어항이 깨끗해졌다"라며 뿌듯해하기도 했어. 낮 동안 떨어져 있어도 물고기를 통해 이어져 있는 느낌을 받았어. '우리가 같이 키우는 물고기'라는 '공동의 미션'을 통해 우리 가족이 조금 더 단단히 묶이는 느낌이야.

요즘엔 한 발 더 나아가 가족 취미를 찾고 있어. 각자의 취미도 중요하지만 우리 가족이 함께 즐길 취미가 하나 있으면 좋겠더라고. 요즘은 남편이 보드게임을 같이하자고 해서 네 식구 모두가 즐겁게 보드게임을 하고 있어. 첫째가 낚시를 하러 가자고 해서 실내 낚시터에도 가봤지. 날씨가 좋을 땐 함께 자전거를 타기도 하고 둘러앉아서 책 한 권을 같이 읽기도 해. 온 식구가 같이 즐길 수 있는 취미를 찾는다는 건 공통 관심사를 찾는 거잖아. 두고두고 이야기할 소재가 생기면 아이들이 사춘기가 되어도 "엄마 아빠랑은 말이 안 통해!"라며 문을 걸어 잠그는 일을 줄일 수 있지 않을까?

가족이 모두 지키는 '가족 규칙' 만들기

다름을 존중하려고 한다고 했잖아. 그래서 가급적 "내 말이 맞지?"보다 "네 말도 맞아"라고 얘기하려고 해. 그런데 부모다보니 "내 말이 맞아!"라고 주장하게 될 때가 있어. 주로 남편과 양육관이 부딪힐 때지.

둘째는 체구가 작은데 활동량은 많아. 쉴 새 없이 움직이니 살이 찔 시간이 없지. 그래서 한 입이라도 더 먹으면 좋겠는데 이 녀석이 입이 짧고 가리는 음식도 많아. 밥을 먹기 시작하면 다섯 순가락을 넘기지 못하고 배가 부르다며 그만 먹겠다고 해. 먹은 반찬이라고는 김과 멸치가 전부지.

그때부터 실랑이가 시작돼. 배부르다고 외치는 아이와 하나라도 더 먹이려는 엄마의 전쟁이지. 결국 아이가 울음을 터뜨리면 남편이 한마디 보태. "배부르다잖아. 그만 먹여." 아빠의 말에 둘째는 보란 듯이 더 크게 울지. 그다음은? 부부 싸움이야.

나는 어릴 때부터 골고루 먹는 습관이 들어야 한다고 생각하는 반면 남편은 편식은 자라며 자연스럽게 없어지는데 강요하다보면 오히려 먹는 것 자체가 즐거움이 아닌 숙제가 된다고 생각해. 남편의 의견도, 내 의견도 일리 있어. 양육관도 다를 수 있지. 서천석 행복한아이연구소 소장도 "양육의 일관성은 개인이 각자 지켜야 할 덕목"이라고 했어. 아이를 돌보는 사람들의 양육관이 같아야 하는 게 아니라 내 안에서 일관적이면 된다는 거야. 우리 부부도 그렇게 생각해.

하지만 다른 양육관 때문에 아이들 앞에서 언성이 높아지는 건 피해야 해. 가만보니 남편하고 나는 아이들의 생활 습관을 두고 자주 부딪히고 있었어. 이 부분에선 공통의 기준을 마련하기로 했지. "내 생각이 맞아", "내 생각대로 하자"가 아니라 "아이에게 어떤 것을 물려주면 좋을까?"를 두고 생각하기로 했어.

가령 편식에 대해서는 배가 부르면 먹지 않아도 되지만 식탁 위에 올라온 반찬은 한 번씩은 먹게 하기로 했어. 그리고 이 규칙은 아이들만 지키는 게 아니라 부모인 우리도 지키기로 했지. 다른 규칙도 마찬가지야. 아이들만 지켜야 하는 규칙은 없어. 가족이 함께 지키는 '가족 규칙'만 있지. 부모는 지키지 않으면서 아이들만 지키라고 하면 앞뒤가 맞지 않잖아. 덕분에 남편도 나도 반찬을 골고루 먹는 습관을 기르고 있어.

지금은 아이들이 어려서 부모인 우리가 가족의 규칙을 정하지만 아이들이 조금 더 자라면 같이 이야기를 나누면서 가족 규칙을 정할 수 있을 거야. 그보다 더 자라면 아이들이 부모인 우리가 바뀌길 바라는 것을 먼저 말하기도 하겠지? 그때 아이들 의견이라고 무시하지 않고 일리 있다면 주저 없이 받아들일 수 있는 부모, 가족이 되려고 해.

무조건적인 사랑, 무조건적인 믿음

입사하고 3년이 지났을 때였어. 회사에 내가 감당하기 힘든 일이 벌어졌어. 이 길이 내가 진정 원하는 길인지 고민하고 있었던 때라 더 견디기 힘들었지. 결국 사표를 내기로 했어. 두 달 정도를 끙끙대며 고민했으니 쉽지 않은 선택이었어.

그런데 막상 사표를 내려니 부모님 얼굴이 아른거리더라. 사표를 내기 전에 말씀을 드려야 할 텐데 언제, 어떻게 말씀을 드려야 할지 막막했어. "엄마 아빠, 나…" 하고 이야기를 시작하려다가도 취업했다는 말에 나보다 더 좋아하시던 두 분의 표정이 떠올라서 "아무것도 아니야"라며 얼버무리기만 수십 번. 나도 안 가지고 다니는 내 명함을 지갑에 가지고 다니시는 게 생각나 죄송한 마음에 혼자 울기도 했었지.

맨정신으로는 도저히 말하지 못하겠더라. 어느 날 술을 잔뜩 마시고 들어와 "엄마 아빠, 나 회사 그만둘래요"라고 폭탄선언을 해 버렸어. 놀라셨는지 두 분 모두 나를 쳐다보기만 하셨어. 회사에 잘 다니고 있는 줄 알았던 자식이 술까지 마시고 들어와서 그런 말을 했으니 충격을 받으셨을 거야. 부모님 반응은 나도 짐작했던 터라 그동안 있었던 일, 사표를 결심하기까지의 고민을 말씀드릴 생각이었어. 그런데 갑자기 엄마가 다가와 꼭 안아주시며 "그래, 그러자"라고 하시더라. 엄마 품에서 실컷 울었지.

울면서도 이유를 묻지 않는 부모님이 의아했어. 눈물을 닦고 엄마한테 "왜 사표를 낸다는 건지 안 궁금해?" 하고 물어봤어. 그러자 "이유가 있겠지"라고 하시는 거야. 끝까지 이유를 묻지 않으셨어. 감사했어. 그리고 난 사표를 내지 않았어. 청개구리냐고? 아니. 나도 이상했는데, 부모님 반응을 보면서 갑자기 한 번 더 해 보자는 힘이 생기더라. 아마 부모님의 무조건적인 믿음이 내 마음을 움직인 게 아니었을까?

돌이켜보면 매번 그랬던 것 같아. 주저하고 있을 때 "해 봐. 실패하면 어때. 실패도 경험이야"라고 부추겨 준 것도 부모님이셨고 실패하고 기운 쭉 빠져 있을 때 같이 속상해하고 "괜찮아"라고 다독여 준 것도 부모님이야. 가족들의 지지 덕분에 한 발 더 내디딜 수 있었지.

이 세상 사람들이 모두 손가락질을 하더라도 우리 가족만은 무조건 나를 믿고 사랑할 '내 편'이라는 생각에 늘 든든했어. 결혼을 하면서는 남편이라는 '내 편'이 한 명 더 생겨서 더욱 든든했고 아이들이 태어나고는 우리 또한 아이들에게 그런 존재가 되어주자고 다짐했어.

뿌리가 깊은 나무는 태풍에 흔들릴지언정 쓰러지진 않아. 가족의 뿌리는 사랑과 믿음이 아닐까? 그래서 무조건 사랑하고 무조건 믿으려고 해.

"네가 공부를 잘해서 기뻐", "네가 옆집 규인이보다 똑똑해서 자랑스러워"가 아니라 아이를 있는 그대로 인정해 주고, 아이의 존재 자체에 감사한 부모이자, 함께 있음에 충분히 행복한 가족이 되려고 해.

'사랑해, 고마워' 마음 보여주기

희원-원모 씨는 세 살배기 쌍둥이를 둔 부부입니다. 대학에 들어가 첫 미팅에서 만나 10년간 연애를 하다가 결혼했죠. 두 사람 모두 빨리 부모가 되고 싶은 마음에 임신을 서둘렀습니다. 하지만 아이는 쉽게 찾아오지 않았습니다. 세 차례의 인공 수정 끝에 쌍둥이가 찾아온 날 두 사람은 펑펑 눈물을 쏟았습니다. 하지만 곧 임신 중독증이 찾아왔고 희원 씨는 당분간 임신과 육아에만 집중하기로 했습니다. 회사를 그만뒀고, 아이들이 두 돌이 지났을 때 다시 직장을 구했습니다.

모든 부모가 그렇겠지만, 어렵게 얻은 아이들이었고, 쌍둥이였던 터라 더욱 발길이 떨어지지 않았다고 합니다. 출근하려는데 두 아이가 동시에 손을 내밀며 울 때는 주저앉아 같이 울고 싶었다고 했습니다. 그럴수록 함께 있는 시간을 최대한 효율적으로 보낼 방법을 생각했답니다.

일단 가급적 많이 표현하기로 했습니다. "엄마 보고 싶었지?"라는 말처럼 아이의 마음을 읽어주기도 했지만 "우리 진솔이 많이 보고 싶었어. 보고 싶은 거 꾹 참고 열심히 일했어"라고 희원 씨의 마음을 아이에게 들려주기도 합니다. 엄마도 아이와 같은 마음이라는 것을 알려주고 싶어서입니다.

　가족끼리 애정 표현도 더 자주 하기로 했습니다. 희원 씨와 원모 씨는 '하루 다섯 번 사랑한다, 고맙다고 말하기' 원칙을 세웠습니다. 아이들에게는 '엄마 아빠가 출근해도 집에 돌아온다'라는 확신도 필요하지만 '엄마 아빠는 회사에 있을 때도 너를 사랑한다'라는 확신도 필요할 것 같았답니다. 온몸으로 느끼게 할 수 있는 시간이 적으니 '사랑해'라고 직접적으로 표현하려 한 것입니다. 연애할 때도 "나 사랑해?" 하고 수시로 물었던 건 몰랐기 때문이 아닙니다. 그저 내 사람의 입에서 사랑한다는 말을 또 한 번 듣고 싶었던 거죠. 알면서도 사랑한다는 말을 들으면 기분이 좋았습니다.

　남편과는 고맙다는 말을 더 자주 하려고 합니다. 퇴근 후 집에 돌아오면 두 사람 모두 지쳐 있습니다. 힘을 내 아이들을 돌보고 집안일을 하죠. 내 몸이 피곤하니 작은 일에도 크게 반응하기 쉽습니다. 그 마음을 누그러뜨리는 데는 달콤한 말이 즉효입니다. 서로 감사를 표현하는 거죠. 가급적 아주 구체적인 상황을 담아 감사를 표현하려고 합니다. "물 가져다줘서 고마워", "아이들 씻겨줘서 고마워" 처럼요. '구체적인 행동을 말하며 고맙다고 하면 그 행동이 강화된다'라는 한 지인의 조언을 따른 것입니다. '아, 이러면 아내가 좋아하는구나', '아, 이러면 아빠가 행복하구나'를 서로 알게 되고, 그 행동을 더 자주 하게 된다고 하네요.

　사실 원모 씨는 경상도 남자입니다. "꼭 말로 표현해야 아나?" 라고 하는 스타일이죠. 사귀자는 고백을 할 때도 "사랑한다"가 아닌 "더 자주 만나고 싶다"라고 했던 사람입니다. 그런 사람이 하루에도 다섯 번 '사랑해', '고마워'를 말하려니 처음엔 낯간지러웠다고 하더군요. 하지만 이제 익숙한 것을 넘어 친구들에게도 표현하면서 살라고 권합니다. 고마워서 표현하기도 하지만, 표현하면서 더 고마워지는 것 같다면서요.

실천하기

감정 표현은 자주 해야 자연스러워집니다.
물론 처음에는 용기와 연습이 필요하지요. 오늘 하루 고마워, 미안해, 사랑해를 몇 번씩 말했는지 체크해 보세요. 일주일만 노력해도 어색함은 사라지고 행복이 넘치는 하루가 될 테니까요!

	월	화	수	목	금	토	일
고마워							
미안해							
사랑해							

'패밀리 타임' 사수하기

주영 씨는 과일을 보면 가족 생각이 납니다. 대학교에 입학해 기숙사 생활을 시작하기 전까지 아침마다 온 가족이 모여 과일을 먹었거든요.

주영 씨가 초등학교 2학년 때였을 겁니다. 아버지가 약주를 하시고 집에 늦게 들어오셨고, 자고 있던 주영 씨와 주영 씨의 누나를 깨우셨습니다. "내 새끼들 하루에 한 번은 얼굴을 봐야지!"라고 하시면서요.

우리 부모 세대가 대부분 그랬듯 주영 씨의 아버지는 아침 일찍 출근하시고 자정이 다 되어서야 퇴근하시곤 했답니다. 주말에라도 아버지랑 놀고 싶어 아버지를 깨우려고 하면 어머니는 안방 문을 막으시며 "매일 늦게까지 일하느라 피곤하신데 주말이라도 푹 주무셔야 한다. 아버지를 깨울 생각 마라"고 하셨습니다.

하루는 주영 씨도 골이 났습니다. 안방 문에 대고 "그럼 우리는 언제 아빠랑 놀아!" 하고 소리를 쳤습니다. 어머니는 "그러다 아버지 깨실라. 일단 놀이터라도 가자"라며 주영 씨 손을 잡고 밖으로 나가셨습니다.

그리고 며칠 뒤 아버지가 약주를 한 뒤 가족을 모두 모으셨습니다. 하루에 한 번이라도 얼굴을 보자고 하시더니 아침 식사 후가 좋겠다며, 아침마다 과일 한 조각이라도 같이 먹자고 하셨습니다.

그동안 주영 씨 식구는 배턴터치 하듯 아침 식사를 했습니다. 아버지와 어머니가 가장 먼저 식사를 하십니다. 두 분이 식사하실 때 주영 씨 누나가 일어나 씻고 주영 씨는 아침을 먹죠. 누나가 아침을 먹을 때 주영 씨가 씻었습니다. 식구들이 꽉 짜인 동선대로 움직이다보니 같은 공간에 있지만 서로 얼굴을 마주칠 일이 없었습니다.

저녁이라고 다르지 않습니다. 각자 집에 오는 시간이 다르니 오히려 더 심하죠. 그래서 아버지가 제안하신 겁니다. 밥은 같이 먹지 못하더라도 과일 한 조각씩 나누며 대화하자고요. 어머니부터 찬성하셨습니다. 얼굴도 보고 건강도 챙길 수 있다는 이유였죠. 주영 씨는 "솔직히 귀찮았지만, 부모님 말씀이라 따랐다"라고 하더군요. 하지만 본인의 가정을 꾸린 지금은 당시 아버지의 제안에 감사한답니다.

사과 두 개를 나눠 먹었으니 그리 긴 시간이 아니었습니다. 배가 고파 먹는 것도 아니었으니 먹는 것만 보이는 것도 아니었습니다. "저는 오늘 학교가 끝나면 친구들과 축구 시합을 할 거예요", "아빠 오늘은 회의가 있어서 늦을 것 같구나" 등 그날의 계획을 이야기하며 가벼운 대화를 나눴습니다. 과일을 다 먹으면 아버지는 바로 출근하셨고 누난 등교 준비를 했습니다.

그렇게 시간이 흘러 주영 씨도 결혼해서 부모가 됐죠. 아버지가 어느 날 문자를 보내셨습니다. '출근 시간을 조정해서라도 가족과 함께하는 시간을 만들어라. 그 힘으로 하루를 버틸 수 있더라'라고요. 다 같이 모여 과일을 먹던 그 시간을 말씀하시는 거였습니다. 알고보니 아버지도 그 시간을 위해 10분씩 늦게 출근하셨다고 하더군요.

그래서 주영 씨 가족은 밤 9시 15분이면 모두 한 침대에 눕기로 했습니다. 아이들을 9시 30분부터 재우기 시작하니 15분 동안 네 식구가 함께 뒹구는 시간을 가지는 거죠. 아이를 안고 뒹굴기도 하고 옛날이야기를 들려주기도 합니다. 그렇게 15분을 꽉 차게 가족과 함께하면 가족 모두 웃으며 하루를 마무리할 수 있습니다.

실천하기

> 잠깐이라도 좋아요. 아무리 바쁘더라도 온 가족이 다 함께 앉아 눈을 보면서 차라도 한잔 마실 수 있는 짧은 시간을 매일 만들어보세요. 이 시간은 나중에 분명 큰 힘이 된답니다.

'나'를 먼저
돌보는 마음

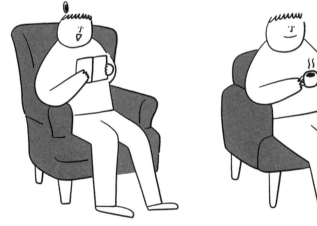

Chapter 11

이 책을 읽고 있는 당신에게

내가 가장 사랑하는 사람, '나'

초등학교 2학년 딸을 둔 지인을 만났어. 얼마 전 딸이 "엄마는 내가 좋아, 엄마가 좋아?" 하고 물었다더라.

아이들이 "내가 좋아, 동생이 좋아?", "내가 좋아, 아빠가 좋아?"라고 물을 때 원하는 답은 뻔해. 누구나 상대방에게 특별한 존재가 되길 원해. 그게 내가 사랑하는 사람이라면 더욱 그렇고 말이야. 초등학교 2학년이면 아직까진 부모가 절대적인 시기야. 그러니 아이의 질문에 너무도 당연한 걸 왜 묻냐는 듯 "네가 좋지"라고 하면 100점. 옆에 아빠나 동생이 있으면 귓속말로 비밀이라는 듯 "네가 좋아"라고 속삭이는 센스를 추가하면 120점!

그런데 "내가 좋아, 엄마가 좋아?"는 조금 다른 성격의 질문이야. 지인은 다른 때처럼 "네가 좋아"라고 대답하려다가 평소의 소신대로 말했대. "엄만 엄마가 더 좋아"라고 말이야. 아이가 예상치 못한 답에 눈이 동그래져서는 "나보다 엄마가 더 좋다고?" 하고 되물었다더라. 지인은 "응, 엄만 엄마가 세상에서 제일 좋아. 누구나 자신이 가장 좋은 거야"라고 했대.

사실 그 답에는 아이가 스스로를 가장 사랑하길 바라는 마음이 담겨 있었어. 지인은 입을 삐죽 내밀고 "나는 엄마가 더 좋은데…"라고 중얼거리는 아이를 안아주며 이렇게 말했다더라.

"지금은 엄마가 더 좋겠지만 자랄수록 너 자신이 더 좋아질 거야. 엄마도 그랬어. 그때 엄마한테 미안해할 필요도 없고 이상하다고 생각할 필요도 없어. 널 가장 사랑하고 소중히 여기는 게 당연한 거야."

지인과 딸의 대화를 들으며 괜히 울컥했어. 우리 어렸을 때부터 "동생(혹은 언니 오빠)을 사랑해라", "남을 배려해라"라는 말을 자주 듣고 자랐잖아. "나를 사랑해라"라는 말은 들은 적 없는 것 같아. 어쩌면 그래서 양보하고 배려하는 법은 잘 아는데 나를 아끼는 법을 모르는 게 아닐까 싶어.

스스로를 챙기는 건강한 가족 되기

나를 챙기는 것에는 두 가지 의미가 있는 것 같아. 첫째는 '몸'을 돌보는 것, 그리고 둘째는 '마음'을 돌보는 거야. 우선 몸을 돌보는 것에 대해 이야기해 볼게.

지난주 주말에 친정에 갔었어. 주말을 며칠 앞두고 친정엄마가 "뭐 먹고 싶으냐?"고 물으시더라. 남편도 아이들도 소고기를 좋아하거든. 그래서 소고기를 구워먹자고 했지. 그렇게 온 식구가 둘러앉아 고기를 구워먹었어. 보통 엄마들이 그렇듯 나는 아이들 밥 위에 고기를 얹으며 "많이 먹어라", "꼭꼭 씹어라"라며 한 점이라도 더 먹이려고 했지.

그러고 있으니 친정엄마가 "너도 먹어가면서 애들 먹여"라고 타이르시더라. 애들 먼저 먹이고 먹는다고 하니 "다 식으면 맛없다. 애들 먹이고 나면 남는 것도 없다"라며 내 밥 위에 고기를 수북이 얹어 놓으셨어. 내가 알아서 먹을 테니 엄마도 드시라고 하니 이렇게 말씀하셨지. "너도 어미라 네 새끼들 먹는 입만 보일 테지만, 나한텐 네가 내 새끼라 네 입만 보인다"라고. 내가 내 자식을 챙기듯 엄마도 엄마 자식인 날 챙기고 싶었던 거지. 그 마음을 알기에 밥 위의 고기 절반은 엄마 밥 위로 옮기고(우리 엄마를 챙기는 사람도 있어야지!) 절반은 내가 먹었어.

한 가정의 아내, 엄마가 되니 친정엄마 생각이 날 때가 많아. 우리 엄마도 이렇게 살림하고 우리들을 키웠겠구나 싶어. 그리고 누군가의 챙김이 그리울 때는 엄마 생각이 더 나지. 나도 결혼하기 전까진 엄마의 챙김을 받던 자식이었는데 결혼하고 나니 남편, 아이들 챙기느라 정신이 없거든.

그래서인지 친정엄마는 결혼을 앞뒀던 나에게 "이제부턴 네가 너를 잘 챙겨야 한다"라고 말씀하셨어. 엄마라는 자리가 나를 뒷전으로 미루기 쉬운 자리라는 걸 잘 알고 계시니 염려되셨던 것 같아. "알았어. 똑 부러지게 챙길게" 하고 답했지만 엄마의 자리에서 나를 챙긴다는 게 쉽진 않더라. 식사 메뉴를 정할 때도 남편이 좋아하고 아이들이 잘 먹는 음식이 먼저 떠오르고 아이들과 남편 영양제는 떨어지지 않게 챙기면서 내 영양제는 아주 가끔 주문해. 그나마 주문한 걸 자꾸 잊어서 잘 챙겨 먹지도 않아.

엄마들이 우스갯소리로 "나도 아내가 있었으면 좋겠다"라고 하잖아. 나도 그래. 누가 나 좀 챙겨줬으면 좋겠어. 하루는 이런 마음에 울적해 있는데 '누가 나를 챙겨주길 바란다면 그 '누가'는 나여야 하는 거 아닐까?'라는 생각이 들더라. 엄마 말이 뒤늦게 생각난 거지. 동시에 '가족 모두가 스스로를 챙기는 가족이 건강하지 않을까?'라는 생각이 들었어.

내가 나를 챙겨야 해. 생각해 봐. 나에게 필요한 거, 내가 원하는 건 누구보다 내가 잘 알고 있잖아? 알면서도 무시하고 알면서도 뒤로 미루는 거야. 그러면 안 돼. 다른 사람을 돌보듯 나 자신을 돌봐야지.

여기까지 생각하고는 우리 가족은 각자 스스로를 돌보는 연습을 시작했어. 남편은 "양말 어디 있어?"라고 묻지 않기로 했고 나는 아이들이 먹고 남은 음식을 먹는 게 아니라 같이 먹기로 했어. 아이들도 마찬가지야. 아이들이 어리니 부모인 우리가 돌보지만, 동시에 스스로 돌보는 법을 익히게 돕는 중이야.

나만의 시간 확보하기

두 번째는 마음 돌보기. '미 타임me-time'이라는 말 들어본 적 있어? 2013년 옥스퍼드 영어사전에 등재된 신조어인데, 자신을 돌보기 위해 자기만의 시간을 갖는 것을 일컫는 말이야. 그만큼 현대인들이 나만의 시간을 가지지 못하기 때문에 이런 단어까지 생긴 것이 아닐까 싶어.

마침 2013년은 첫째가 두 살 때였어. 언론에서 '미 타임'의 중요성을 강조하기 시작했다는데 딱 내 얘기더라. 현대인들 중에서도 부모, 그것도 어린아이를 키우는 부모는 늘 시간 부족에 시달리니까.

겉으로 말하진 못했지만 남편도 나도 혼자만의 시간이 절실했어. 그냥 멍 때리는 시간이 그리운데 내가 그런 시간을 즐기려면 남편 혼자 아이들을 돌봐야 하고, 남편이 즐기려면 나 혼자 아이들을 돌봐야 하니 말하지 못했지. 서로 힘든 걸 아니까.

그러다 각자 밤과 새벽 시간을 활용하기로 했어. 남편은 올빼미형, 나는 새벽형 인간이 되기로 했지. 남편은 새벽 1시에 자서 7시에 일어나. 나는 아이들을 재우며 자고 새벽 5시에 일어나지. 내가 아이들을 재우러 들어가면 남편이 설거지를 하고 그 이후 일정은 자유야. 주로 게임을 하더라. 나는 일찍 잔 만큼 일찍 일어나 내 시간을 가져. 30분 정도 혼자 책을 읽거나 커피를 마시면서 노래를 들어. 그리고 씻고 아침을 준비하고 아이들을 깨우지. 이 정도의 '미 타임'을 가져도 하루가 달라. 좀 더 활기차지.

매일 이런 시간을 가지라는 건 아니야. 아이를 키우는 건 언제 돌발 상황이 생길지 모르는 일이라 계획과 어긋날 때가 많아. 그러니 일주일 단위로 생각하는 것도 방법이야. '매일 나만의 시간을 갖겠어!'라고 다짐하면 나만의 시간을 가질 수도 있지만, 그렇지 못할 때 상실감이 더 크거든.

현실적으로 일주일에 한 번, 내 시간을 가지겠다고 생각하고 시간을 미리 빼는 거지. 시간 관리 전문가인 로라 밴더캠도 자신의 시간을 책임지려면 '24시간의 덫'이라는 함정을 피하라고 했어. 시간을 관리한다고 하면 일반적으로 하루 24시간 기준으로 생각하는 경우가 많은데 그럴 경우 시간의 전체적인 그림을 놓칠 수 있다는 거야. 실제로 성공한 많은 사람들은 24시간 단위가 아닌 일주일(168시간) 단위로 시간을 관리한다고 하더라.

물론 부부 각자가 나만의 시간을 가지려면 상대방의 배려가 필요해. 그런데 그보다 중요한 건 '내 시간'을 바라보는 태도인 것 같아. 보통 할 일을 다 하고 시간이 남으면 내 시간을 갖겠다고 생각하는데 그런 생각으로는 절대 '내 시간'을 가질 수 없어. 할 일은 꼬리에 꼬리를 물고 이어지니 끝이 없거든. '내 시간'을 '할 일 목록' 맨 마지막에 두면 차례가 오지 않아. '내 시간'은 남는 시간에 가지는 게 아니라 생활에 활력을 더하기 위한 필수 시간이라고 생각하면 어떨까?

가끔 이제 막 부모가 된 후배들이 "선배는 어떻게 내 시간을 가져요?" 하고 물어봐. "시간을 내면 돼"라고 답해. 허무하지만 사실이야. 내 시간을 가지고 싶다면 방법은 유일해. 시간을 내는 거. 그거 하나야.

'크로스 데이트' 활용하기

아파트 단지에 형제를 키우는 엄마가 있어. 형제가 우리 집 첫째와 어린이집을 같이 다녀서 등원길에 만날 때가 많아. 하루는 등원길에 형제를 만났는데 형 기분이 유독 좋아보이더라. 동생을 흘깃 보고 혼자 쿡쿡 웃는 게 뭔가 비밀이 있는 것 같았어. 나름 숨기려고 애쓰는데 입꼬리가 씰룩대는 게 보여서 귀여웠지. "기분 좋은 일 있어?"라고 물으니 "쉿!" 하고 도망치더라. 어린이집에 도착해서는 동생 신발까지 벗겨주며 서둘러 교실로 들어갔어.

그러더니 조금 있다 가방을 메고 나오는 거야. 동시에 집으로 돌아간 줄 알았던 아이들 엄마도 나타났어. "어린이집 안 가요?" 하고 물으니 "오늘은 둘째 몰래 첫째랑 데이트하는 날이에요"라고 하고는 바쁘게 놀이공원으로 향했어.

나중에 왜 굳이 둘째 모르게 첫째만 데리고 놀이공원에 갔느냐고 물었더니 "첫째 스트레스를 풀어주는 데는 둘만의 데이트가 최고"라고 하더라. 아무래도 아이가 둘이면 더 어린 둘째에게 손이 많이 가고 마음이 가게 되니 첫째가 의도치 않게 소외되는 느낌을 받을 수 있어. 동생에게 엄마를 빼앗겼다는 느낌을 받으면 동생하고도 싸움이 잦아져. 그러니 부모는 가끔 첫째가 그런 생각을 하지 않게 잘 살피고 스트레스를 풀어줘야 한다는 거야.

설명을 들고보니 우리 집도 비슷한 이유로 아슬아슬한 상황이 연출될 때가 많았어. 동생과 잘 놀다가도 가끔 첫째가 "동생 귀찮아!", "나도 엄마랑만 있고 싶어!"라고 말할 때가 있거든. 네 식구가 모두 외출을 하면 주로 남편이 첫째 손을 잡고, 내가 둘째를 안고 다닐 때가 많은데 그것도 첫째에겐 스트레스일 수가 있겠더라.

그래서 요즘엔 '크로스 데이트'를 활용해. 첫째가 레고방, 둘째가 놀이터에 가자고 하면 예전 같으면 오늘은 레고방, 내일은 놀이터 이렇게 합의했을 텐데 이제는 첫째는 나와 레고방, 둘째는 남편과 놀이터에 가는 식이야. 첫째가 수족관, 둘째가 영화관에 가자고 하면 첫째와 남편이 수족관, 둘째와 내가 영화관에 가기도 해. 누가 엄마와 가고, 누가 아빠와 갈 것인가는 가위바위보로 짝을 정하기도 하고 순번을 정하기도 하지.

언니 가족과 같이 만나 '크로스 데이트'를 활용하기도 해. 부모가 되고는 부부만의 데이트를 즐긴 적이 없어. 아이들을 맡길 곳도 없고, 아이들을 떼어놓고 우리 둘만의 시간을 즐길 '용기'가 나지 않았던 것도 사실이야. 부부간의 섹스리스는 사회적 문제라며 해결해야 한다고들 지적하니 고치려고 노력이라도 하지. '데이트리스'는 누구도 지적하지 않아. 그런데 섹스리스만큼이나 데이트리스도 심각한 문제야.

그래서 가끔은 언니 가족에게 우리 아이들을 맡기고 우리 부부만의 데이트를 즐기곤 해. 언니네 아이들을 우리가 돌보며 언니 부부에게 데이트할 시간을 주기도 하지. 아이들은 또래와 어울려서 즐겁고, (물론 아이 넷을 돌볼 땐 눈물 나지만!) 우리는 오붓하게 데이트를 할 수 있어 즐거우니 이것도 괜찮은 방법인 것 같아.

나만의 시간? 나만의 공간

3년 전 결혼기념일이었어. 그 해가 결혼 5주년이었거든. 매년 꼬박꼬박 찾아오는 결혼기념일이지만 5주년은 조금 다르게 느껴지잖아. 특별하게 보내고 싶었지. 가족 여행을 갈까도 생각해 봤지만 갓 돌이 지난 둘째를 데리고 여행을 가면 고행이 될 게 뻔했고, 서로 선물을 사주자니 매번 했던 일이라 식상하게 느껴졌어. 그러다 남편이 1인용 소파를 두 개 사자고 하더라.

1인용 소파? 그것도 한 개가 아니고 두 개? 우리 집에는 소파가 있어. 결혼할 때 가장 고심해서 장만한 게 소파였어. 온몸을 폭 감싸주는 소파를 갖고 싶었거든. 저녁을 먹고 소파에 앉아 드라마를 볼 때마다 "앉기만 하면 긴장이 풀리는 소파라니. 조금 비쌌지만 그래도 무리한 게 아깝지 않아"라고 같이 흡족해했지. 그런 소파를 두고 1인용 소파를 더 사자는 게 의아했어.

게다가 아이들이 생긴 뒤로는 소파에 앉아 쉴 시간도 많지 않

아. TV를 없앴으니 드라마를 볼 일도 없었지. 어느 날보니 소파가 쉬려고 앉는 용도가 아니라 제자리에 가져다두기 귀찮은 장난감들을 올려두는 '임시 보관함'이 됐더라.

그런데 남편의 의견도 일리 있었어. 신혼 초기에는 우리 집에 우리의 공간, 나만의 공간이 있었는데 아이가 태어나고는 우리 집엔 아이들의 공간만 있는 것 같다고 하더라. 나 역시 그런 생각을 하고 있었어. 새벽에 일어나 커피를 마실 때도 혼자가 아니라 장난감들과 같이 마시는 기분이었어. 내 공간이 있으면 좋겠다 싶었었지. 그런데 24평 집에선 현실적으로 불가능한 일이었어. 뚜껑이 열릴락 말락 할 때, 잠깐 나만의 공간에서 심호흡이라도 하면 마음을 다스릴 수 있잖아. 부모들이 그런 시간이 필요할 때 어디를 찾는지 알아? 안타깝게도 화장실. 화장실로 숨어들어도 아이들이 화장실 문 앞에서 기다리니 할 말 다했지. 그럴수록 나만의 공간이 그리웠어.

남편 말대로 1인용 소파를 사면, 큰 자리를 차지하지 않고 나만의 공간을 확보할 수 있겠더라. 그래서 큰 마음먹고 서로에게 결혼기념일 선물로 사줬어. 처음엔 의자를 거실에 두려고 했었는데, 거실은 가족 공동의 공간으로 남겨두기로 했어. 남편은 남편의 의자를 서재에 뒀고, 나는 내 의자를 화장대 옆에 뒀지. 사실 그 의자에 앉을 시간은 많지 않아. 그럼에도 불구하고 그런 공간이 있다는 것 자체가 주는 힘이 있더라.

의자는 일종의 신호로 쓰이기도 해. 이 의자에 앉아 있으면 남편도 아이들도 '엄마가 쉬고 싶은가 보다' 하고 생각하더라고. 가끔 내가 예민해 보이는 날이면 남편이 "잠깐 의자에서 쉬어"라고 먼저 말해 주기도 해.

재밌는 건 올해 7살이 된 첫째는 언제부턴가 이 의자의 '공동 소유자'임을 주장한다는 거야. "엄마, 내가 여기 앉아 있으면 말 시키지 마. 생각할 게 있는 거니까"라고 하는데 어찌나 웃기던지. 누구나 나만의 시간이 필요하다는 것, 그리고 그 시간을 존중해 줘야 한다는 걸 이렇게 배워가는 게 아닐까 싶어.

용돈, 부족해도 자유롭게

상현-재연 씨 부부는 결혼 전, 신혼집을 알아보며 대출 문제로 은행에 갔습니다. 그날따라 은행에 회사원들이 많았지요. 월급날도 아닌데 붐비는 게 신기해 쳐다보고 있으니 은행 직원이 조용히 귀띔했습니다. "옆 건물 회사에서 오늘 특별 상여금을 줬대요. 현금으로 받고 싶은 사람에게는 현금으로 줬다는데 그래서 비밀 계좌에 입금하려고 오신 분들이 많아요."

'비밀 계좌'라는 말에 두 사람의 눈이 동그래졌습니다. 그렇지 않아도 결혼 후 재정 관리를 어떻게 할지 고민 중이었거든요. 두 사람은 결혼하고도 맞벌이를 계속할 계획이었습니다. 주변에서는 맞벌이일수록 자금 관리를 투명하게 해야 한다고들 했습니다. 맞벌이라고 넉넉하게 생각했다가는 모이는 거 없이 고생만 한다고도 했습니다. 그러니 생활비도 단단히 관리하고 가급적 아끼라고 했습니다. 거기까지는 상현 씨, 재영 씨도 동의했지요.

다만 용돈에 관해서는 합의점을 찾지 못하고 있었습니다. 주변에 조언을 구해봤지만 "용돈은 가급적 최소화해야 한다", "용돈이 적으면, 비자금을 만드니 여유 있게 생활하는 게 낫다" 등 의견이 다양했습니다. 공통점이 하나 있었는데 결혼 전보다 용돈이 줄어 불만이라고 하더군요. 결혼하면 벌이가 두 배가 되니 조금 더 여유 있게 생활할 수 있지 않을까 생각하고 있었는데 정반대의 불만이었습니다. 그런데 사실이더군요. 한 취업포털의 설문 결과 기혼 직장인의 한 달 평균 용돈은 58만 7,000원, 미혼 직장인은 평균 70만 5,000원이었으니까요. 결혼을 하면 한 달 용돈이 12만 원 정도 줄어드는 것이죠.

결혼 선배들은 결혼하며 대출금이 생기고 지출이 늘어나니 개인 지출을 줄일 수밖에 없다고 했습니다. 맞는 말이었습니다. 상현-재연 씨 부부도 집을 장만하느라 대출을 받았습니다. 결혼하기 전에는 부모님과 같이 살았으니 생활비가 들지 않았는데 결혼하며 '내 살림'이 시작됐으니 생활비도 더 많이 들었습니다.

그래서 두 사람도 일단 개인 지출을 줄여보기로 했습니다. 각자 결혼 전보다 용돈을 10만 원씩 줄이고 너무 적다 싶으면 다시 논의하기로 했답니다. 단, 규칙을 정했습니다. 용돈인 만큼 각자 원하는 곳에 쓰기로 했습니다. 선배들이 "용돈 어디에 썼는지 꼬치꼬치 캐묻는 게 스트레스"라는 말을 많이 들었거든요. 그래서 두 사람은 용돈의 사용처를 묻지 않기로 했답니다. 재연 씨는 상현 씨에게 "내 앞으로 배달된 택배는 뜯지 말라"고 했고 상현 씨는 재연 씨에게 "신용카드 명세서를 보지 말라"고 했습니다.

상현 씨는 석 달째 용돈을 모으고 있습니다. 노트북을 바꾸고 싶어서요. 사실 작년에 노트북을 바꿔서 새로 살 필요는 없습니다. 하지만 얼리어답터인 상현 씨는 신제품이 나오면 써보고 싶습니다. 신제품을 사면 기존 제품은 중고거래를 합니다. 마음에 드는 제품을 신중하게 골라 오래 쓰는 재연 씨는 그런 상현 씨가 이해되지 않지만 용돈 범위에서 즐긴다면 참견하지 않습니다.

결혼 3년 차, 아직 두 사람은 서로에게 '용돈 인상'을 요구하지 않았습니다. 용돈이 부족하긴 하지만 팍팍하다고 느껴지진 않습니다. 아마 용돈 안에서는 자유롭기 때문인 것 같다고 말했습니다.

실천하기

묻지마 현금 봉투

봉투에 현금으로 10만 원을 담아 서로 나눠가지세요.
그리고 그 돈은 각자 알아서 사용하는 겁니다.
단, 한 가지 규칙이 있는데요.
사용처에 대해서는 서로 절대 묻지 않는 겁니다.

나만의 스트레스 해소법 찾기

올해 초 하민 씨는 육아휴직이 끝났습니다. 복직을 앞두고 성윤-하민 씨 부부는 미국에서 살고 있는 친구 부부를 만나는 겸 여행을 다녀왔습니다. 딸아이는 시부모님이 맡아주셨지요.

친구 부부는 다섯 살 딸아이를 키우고 있는 '선배 부모'입니다. 아이는 프리스쿨에 다니고 부부 모두 일을 하고 있습니다. 친구는 하민 씨가 복직한다는 말에 대뜸 "취미부터 찾아"라고 했답니다. 이제 곧 복직할 생각에 심란한데 취미를 찾으라고 하니 황당할 뿐이었죠. "복직하면 눈코 뜰 새 없이 바쁘다던데 취미를 어떻게 찾냐?"며 투덜댔습니다. 그랬더니 친구는 "맞아. 눈코 뜰 새 없이 바빠. 그래서 스트레스가 많이 쌓이지. 그때그때 풀지 않으면 나도 모르는 순간 엉뚱한 곳에서 폭발하게 되더라"고 하더군요. 그 엉뚱한 곳은 주로 아이일 때가 많으니, 아이에게 엉뚱한 화를 내고 싶지 않다면 평소에 스트레스 관리를 해야 한다는 뜻이었습니다.

그렇지 않아도 복직을 앞두고 아이와 더 잘 지내고 싶은데, 오히려 아이에게 화를 자주 내는 것 같아 신경 쓰이던 참입니다. 사실 그래서 남편이 단둘이 여행을 다녀오자고 했던 겁니다. 친구는 "피곤하고 머리가 복잡할수록 예민해져. 그 상태로 아이를 마주하면 평소에는 웃고 넘어갈 일에도 화를 낼 수 있어. 그러니 내가 덜 피곤하고 내 머리를 비울 수 있는 방법을 찾아야 하는 거야"라고 했습니다.

맞는 말이었습니다. 그래서 하민 씨도 취미를 찾아보기로 했습니다. 그런데 생각해 보니 복직을 하면 하민 씨만 힘들어지는 게 아닙니다. 성윤 씨 또한 힘들어질 겁니다. 그래서 성윤 씨에게도 같이 취미를 찾아보자고 했습니다. 성윤 씨는 '취미 찾기'가 거창하게 느껴진다며 스트레스를 풀 방법부터 찾아보겠다고 했습니다.

하민 씨는 뜨개질을 좋아합니다. 회사 서랍에 뜨개질 실과 바늘을 가져다두기로 했습니다. 스트레스를 받는 날에는 점심을 간단히 먹고 자리로 돌아와 뜨개질을 합니다. 뜨개질을 하다보면 잡념이 사라져 마음이 편안해지는 게 느껴집니다. 출퇴근길 지하철이나 아이들을 재우고 침대 머리맡에서 뜨개질을 하기도 합니다. 장소에 구애받지 않고 할 수 있어 좋습니다.

성윤 씨는 학창시절 밴드 동아리에서 보컬을 할 만큼 노래 실력이 좋습니다. 하민 씨와 연애할 때도 노래방에서 노래 솜씨를 자주 뽐냈었습니다. 이제는 무대를 집으로 옮기기로 했습니다. 스트레스가 쌓이면 노래를 크게 틀어놓고 샤워를 한답니다.

또 두 사람은 가급적 감정을 표현하기 했습니다. 부정적인 감정을 외면하고 억누를수록 강도가 세진 것 같다면서요. 부정적인 감정 그대로를 인정하고, 잘 해소한다면 오히려 건강한 마음 상태를 유지하는 데 도움이 되는 것 같답니다. 감정을 잘 다루는 어른의 모습을 보여주는 게 아이에게 좋은 공부가 되는 것은 물론입니다.

점검하기

취미 생활을 하나 만들어보세요.
취미가 없다면 우선 내가 좋아하는 일들을 나열해 보세요.

1.
2.
3.
4.
5.

하나씩 실천하면 나만의 스트레스 해소법을 찾을 수 있답니다.

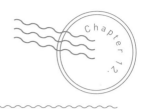

Chapter 12.

새로운 가족을 만들어가는 우리들에게

부모가 되면 보이는 것들

부모가 된다는 건 다시 한 번 어린 시절을 사는 경험이라는 말이 있어. 아리송하게 들렸는데, 부모가 된 지금은 알 것 같아. 아이를 보면 그 시절의 내가 보이거든. 다 잊었던 것 같은데 '나는 우리 아이만 할 때 이랬지, 이게 하고 싶었지' 하고 기억이 나.

　올해 초에 첫째가 진지하게 물었어. "엄마, 나 지민이 집에서 살면 안 돼?" 이건 또 무슨 말인가 싶었지. "웅이가 지민이 집에 살면 엄마 아빠는?" "엄마 아빠가 보고 싶으면 우리 집으로 올게." "지금은 지민이가 더 보고 싶은 거야?" "응. 그래서 지민이한테 우리 집에서 살자고 했는데 싫대. 내가 지민이 집에 오는 건 좋대."

웃음이 났어. 처음으로 아이 마음을 두드린 친구가 나타났구나 싶어 반갑기도 했고 말이야. 하지만 그렇다고 웅이를 지민이 집으로 보낼 순 없잖아! 대신 놀이터 한쪽에 분필로 집을 그리고 둘만의 공간을 마련해 줬어. 그걸로 만족하더라.

두 아이가 분필 집에서 노는 걸 보고 있으니 내 첫사랑도 생각났어. 나도 딱 고맘때 처음으로 좋아하는 사람이 생겼었거든. 첫째에게 "웅아, 엄마도 웅이만 할 때 좋아하는 남자친구가 있었는데, 겨울에 눈 오는 날 그 친구가 눈사람을 만들어서 우리 집 앞에 놔줬었어. 엄청 기뻤었어"라는 이야기를 해 줬어. 웅이는 엄마도 그런 적이 있다는 사실에 놀라고, 지민이를 위해 눈사람을 만들면 되겠다며 좋아하더라. 그 모습이 예뻐서 가슴이 따뜻해지고, 웅이가 아니었으면 잊고 지냈을 기억이 떠올라 한 번 더 따뜻해졌어.

반대로 부모가 된 나를 보면서 나를 키우던 부모님을 떠올리기도 해. 우리 부모님은 나를 이렇게 키우셨지, 좋았던 순간, 야속했던 순간, 수많은 기억이 주마등처럼 지나가. 솔직히 말하면 어렸을 땐 "우리 부모님은 왜 이러실까?" 하는 불만도 있었는데 부모가 되고보니 전부 이해되더라. 부모님께 투정 부리던 때가 떠오르면 나도 완벽한 자식이지 못했으면서 부모님께는 완벽한 부모를 원했던 것 같아 죄송해지기도 해. 이제 알겠거든. 자식 앞에 최선을 다하지 않는 부모는 없다는 걸 말이야. 그런데 부모님께 감사해하기는커녕 "이거 해 달라", "저거 해 달라" 하고 투정만 부려댔으니…. 말씀은 안 하셨지만 부모님도 내가 얄미울 때가 있으셨을 것 같아. 그래서인가? 임신했다고 했을 때 친정아빠가 우스갯소리로 "이제 너도 부모가 되니 말이 좀 통하겠다"며 웃으셨던 기억이 나.

재밌지 않아? 부모가 됐다는 이유만으로 어린 시절을 다시 살아볼 수 있고, 부모님이 이해된다는 거 말이야. 그래서 어쩌면 부모가 된 지금이 나를 성장시키고, 가족을 성장시키는 딱 좋은 타이밍인 것 같아.

속마음을 솔직하게 표현하기

심리학자 토니 험프리스는 가족의 1차 기능은 "가족 개개인의 잠재적인 소질을 최대한 발휘하도록 뒷받침해 주는 것"이라고 했어. 모든 자아실현의 출발은 개인이 지닌 타당하고 기본적인 욕구를 충족시키는 일이라면서 말이야. 그 말은 가족 구성원들은 서로의 욕구를 충족시키는 것을 도와야 한다는 거야. 그러기 위해서는 서로의 욕구부터 정확히 알아야겠지.

서로의 욕구를 정확히 알려면? 각자 자신의 욕구를 솔직히 표현해야 해.

가족의 욕구쯤은 이미 알고 있다고? 잘 생각해 봐. 배우자의 욕구를 정말 알고 있는지, 아이들이 원하는 걸 정말 알고 있는지 말이야. 등잔 밑이 어둡다고 하잖아. 가족도 마찬가지인 것 같아.

나와 가장 가깝다는 이유로 그 사람을 잘 알고 있다고 착각하기 쉬워.

결혼하고 얼마 지나지 않아 시댁 모임이 있었어. 고깃집에 갔었는데 남편 앞에 깻잎이 있더라. 남편은 깻잎을 먹지 않아. 상추만 먹지. 그래서 종업원한테 상추 없느냐고 물었더니 형님이 깜짝 놀라시는 거야. 남편이 깻잎을 안 먹는 걸 모르셨대. 형님은 남편과 30년 넘게 같은 집에서 살았지만 남편의 식습관을 유심히 본 적이 없으셨던 거지. 나야 이제부터 나랑 같이 살 사람이라 어떤 음식을 좋아하는지, 어떤 음식을 싫어하는지 묻고 살펴서 알게 된 거고.

그렇다고 가족 구성원들을 샅샅이 파악하자는 건 아니야. 그건 불가능한 일일뿐더러 가족들이 내 모든 걸 알고 있다고 생각하면 숨이 막히지 않아? 그것보다는 가족이라는 이유로 '알아서 해 주길 바라지 말자'는 거야. 가족들에게 바라는 것이 있으면 직접 말로 하자는 거지.

내가 어렸을 때 엄마한테 자주 지적을 받은 게 그거 때문이었어. 난 엄마한테 바라는 게 있으면 에둘러 이야기를 했었거든. 가령 옷이 사고 싶으면 "엄마 나 하늘색 티셔츠 있어?", "엄마 나 작년보다 많이 자랐는데 올해도 옷이 맞을까?" 하고 물었지. 엄마는 "하늘색은 없지", "입어봐야 알지"라고 답하셨어. "하늘색 없으니까 하나 살까?", "입어보고 작으면 살까?"라는 답을 기대했던 나는 기분이 상하고 말았지. 그리고 입을 쭉 내밀고는 뽀로통하게 방에 들어갔지. 나중에 엄마가 들어오셔서는 "정말 하고 싶은 말이

뭐였는데?"라고 물으셨어.

내가 말하지 않으면 아무도 몰라. 물론 가끔은 알아줄 수 있어. 하지만 매번 그럴 순 없어. 특히 부부 사이에서는 더 솔직해야 해. 아내들의 가장 큰 불만은 '남편은 왜 이렇게 내 마음을 몰라줄까?'야. 나도 그래. '부부는 이심전심이라던데, 왜 우리 남편은 내 마음을 그리도 모르는 걸까?' 싶었어. 남편이 한마디로 답을 하더라. "말을 안 하니 모르지." 정답이었어. "엄마, 하늘색 티셔츠가 입고 싶어"라고 말했을 때 엄마는 하늘색 티셔츠를 사주셨고, 남편에게 "오늘은 통잠을 자고 싶다"라고 말했을 때 남편이 새벽에 깨는 아이들을 돌봤어.

반대로 부모가 되고는 자꾸 아이의 욕구를 지레짐작하게 되는 것 같아. '내 속에서 나온 내 자식'이라 내가 다 아는 것 같거든. 그럴 때마다 엄마의 "자식은 겉만 낳는 거지 속까지 낳는 건 아니다"라는 말을 떠올리곤 해. 미국의 육아 컨설턴트인 수잔 스티펠만은 "부모는 내 아이가 어떤 사람인지 지금 알고 있는 것에 만족하지 않고 계속 더 많이 알고 싶어 하는 사람"이라고 했어. 아이가 정말 원하는 것을 묻고, 살피고, 들어야 하는 거지.

그리고 무엇보다 가족이 다른 관계와 다른 점은 서로의 욕구를 아는 것에 그치지 않는다는 거야. 가족은 서로의 욕구를 충족시키기 위해 노력해.

가족을 위한 희생? 가족끼리 힘 합치기!

사실 엄마한테 "하늘색 티셔츠 입고 싶어"라고 말하지 못했던 건 내가 말을 하면 엄마는 분명히 옷을 사주실 거라는 걸 알았기 때문이기도 해. 나는 빨간색, 주황색, 노랑색, 초록색 티셔츠는 있는데 하늘색 티셔츠만 없었지만, 엄마는 흰색, 검정색 옷만 있다는 걸 아니까. 그런 엄마에게 "엄마, 나 옷 또 사줘!"라고 말할 수 없었지.

고민이 있을 때도 마찬가지였어. 엄마 아빠에게 상의하고 싶었지만, 엄마 아빠는 나보다 내 일에 더 민감하셨지. 더 크게 걱정하시고 더 빨리 해결하려고 하셨어. 죄송한 마음에 내 딴에는 혼자 감당하려고 애쓰게 되더라.

우리 윗세대만 해도 부모라면 아이들을 위해 희생해야 하는 게 당연했어. 특히 엄마는 희생의 아이콘이었지. 그런 부모님 밑에서 자라면서 감사했지만, 그만큼이나 죄송했던 것 같아. 그래서 나도 부모님의 기대에 부응하려고 노력했지. 어르신들은 "공부 잘하는 게 효도"라고 하시잖아. "너희 부모님 고생하시는 거 알지? 다 너희 잘되라고 그러는 거야. 보답하려면 공부 열심히 해라"라고들 하셔. 그 말을 떠올리며 열심히 공부했었어. 공부가 재밌어서, 공부를 잘하고 싶어서가 아니라 부모님께 보답하기 위해서 공부했지. 그 결과는? 대학교에 진학해서도 진정 원하는 게 뭔지 몰라 방황하는 우리들이야.

그런 우리들이 부모가 됐어. 그러면 우리는 달라져야 하지 않을까? 우선 희생부터 거부하는 거야. 부모가 된 이상 내가 번 돈을 아이들과 나눠 써야 하고, 내 시간도 아이들과 나눠 써야 해. 그건 부모가 된 이상 감내해야 하는 부분이야. 부모의 역할에는 최선을 다해야 하지만, 아이를 내 인생의 1순위로 두는 건 곤란해. 적어도 "내가 누구 때문에 이렇게 살았는데!"라고 할 일은 만들지 말아야지. 가족을 위해 희생하는 게 아니라 가족에게 충실하는 거야.

둘째 육아휴직이 끝나고 복직을 하면서 마음이 불편했었어. 엄마 한 사람이 출근하면 온 가족의 생활 만족도가 떨어지거든. 아침에 출근을 해야 하니 아이들은 졸린 눈을 비비며 같이 일어나야 하고, 아파도 어린이집에 가야 할 때가 있어. 남편도 내조를 받는 동기들에 비해 직장에서의 경쟁력이 떨어질 수밖에 없지. '나만 욕심을 버리면 온 가족이 행복한 거 아닌가?'라는 생각이 들더라. 아이들에게도 남편에게도 미안했지.

그런데 남편이 그러더라. "혼자 희생하지 마. 다 같이 힘을 모으고 다 같이 조금씩 희생하자. 평등하게 행복하고 평등하게 희생하자"라고 말이야. 그 말이 참 이상하면서도 고맙더라. 맞아. 내가 출근한다고 해서 우리 가족이 불행해진 건 아니었어. 조금 바빠지고 서로 양보할 일은 많아졌지만 우리 가족은 여전히 웃음이 넘쳐. 온 식구가 늦잠을 자면 아이들이 먼저 "엄마 회사 늦잖아. 서두르자"라고 할 땐 고맙고 기특하지. 그렇게 서로를 배려하면 '희생의 총량'도 줄어드는 것 같아.

진짜 독립적인 가족이란

"우리는 우리끼리 잘 살게. 너희도 너희끼리 잘 살아라."

결혼식이 끝나고 신혼여행을 떠나기 전, 시어머니가 내 손을 잡고 하신 말씀이야. "어머니, 앞으로 잘할게요"라고 말씀드리려고 했었는데, 준비했던 멘트가 부끄러웠지.

'시월드'라고 하잖아. 결혼을 준비하며 친구들한테 '시어머니께 점수 따는 법', '시어머니 앞에서 하면 안 되는 말' 등 시월드에 편안히 안착하는 법을 물었어. 그런데 이야기를 들으면 들을수록 공포만 몰려오더라. 바짝 긴장했지.

막상 내가 경험한 '시월드'는 달랐어. '나중에 나는 우리 시어머니 같은 시어머닌 안 될 거야'라고들 하는데 나는 '나중에 나도 우리 시어머니 같은 시어머니가 되고 싶다'라고 얘기하고 다닐 정도야.

보통 자식이 결혼하면 한동안은 부모님도 자식이 자리를 잘 잡을 수 있게 도와주셔. 살림에 서툰 걸 알고 계시니 반찬을 해다 주시기도 하고, 이런저런 조언도 많이 해 주시지. 동시에 집안에 새로운 식구가 들어왔으니 '우리 가족'으로 친해지기 위해 자주 왕래하길 바라셔. 여의치 않다면 전화 통화라도 자주 하길 원하시지.

시어머니는 정반대였어. 결혼식 날 하신 말씀처럼 시부모님은 두 분 만의 새로운 삶에 집중하셨어. 자식을 모두 출가시킨 부모는 '빈둥지 증후군'을 겪는다고 하잖아. 시부모님은 이 시기를 '제

2의 신혼'으로 만들려고 노력하셨던 것 같아. 두 분이 더 많은 일을 같이하셨고, 서로를 더 챙기셨어. 반대로 자식 부부에게는 무심하려고 하셨어. 전화를 드려도 "결혼해서 할 일 많을 텐데 특별한 일 없으면 전화할 필요 없다"라고 말씀하시며 끊으셨지.

스웨덴의 부모법에는 자녀가 18세가 되면 부모는 부양의 의무가 없다고 명시하고 있어. 스웨덴 부모들은 자식이 성인이 되면 독립해야 한다는 것을 알고 있으니 어릴 때부터 철저하게 독립심을 키워준다고 해. 아이를 독립적으로 키우면서 부모도 아이를 독립시킬 준비를 하는 거지. 스웨덴 부모들의 이야기를 들으며 시부모님이 생각났어. 딱 그 모습이었거든.

오해는 마. "결혼했으니 너희들이 알아서 살아라!"라고 냉정하게 대하셨다는 건 아니야. 시부모님은 뒤에서 지켜보고 계셨지. 그러다 우리 부부가 조언이나 도움을 청하면 주저 없이 도와주셨어. 남편에게 물었더니 어렸을 때부터 그러셨대. 남편이 도움을 청하기 전까진 부모님께서 손을 내밀지 않으셨다는 거야. 처음 해 봐서 끙끙대고, 이불을 뒤집어쓰고 괴로워해도 부모님은 모른 척하셨다고 하더라. 남편이 해 보는 데까지 해 보다가 정 안 되겠다 싶어서 부모님께 말씀드리면 흔쾌히 도움을 주셨대.

부모가 되니 알겠어. 아이를 위해 무언가를 하는 것보다 아이를 위해 하지 않는 게 더 힘들어. 내가 줄 수 있는 건 다 주고, 할 수 있는 건 다 해 주고 싶거든. 장난감만 해도 그래. 요즘 장난감은 몇만 원 정도야. 장난감 사주면 외식 한 번 덜하면 돼. 그런데 사주지 않으려면 왜 살 수 없는지, 언제 살 수 있는지 등 질문 공세에 시달리지. 무엇보다 장난감을 사주면 아이가 웃고, 사주지 않으면 입이 쭉 나와. 부모 마음이 편할 리 있나. 사주는 게 사주지 않는 것보다 쉬워.

아이가 신발을 신을 때도 마찬가지야. 아이 혼자 신발을 신으면 5분, 10분이 걸려. 내가 후딱 신기는 게 기다리는 것보다 쉬워. 그렇다고 매일 내가 신발을 신겨주면 당장은 편해도 앞으로 혼자 신발을 신는 법은 익히지 못할 거야. 그러니 혼자 신을 때까지 기다려야지.

그렇게 한발 떨어져 있으면 부모는 자식을 '품 안의 자식'이 아닌 '한 사람'으로 보는 계기가 되는 것 같아. 아이도 혼자 할 수 있는 것들이 늘어나며 조금씩 부모로부터 독립하고 말이야.

시부모님의 이런 태도는 결혼 준비를 할 때도, 우리가 두 아이의 부모가 된 지금도 마찬가지야. 우리 집 아이들을 베이비시터 이모님께서 돌봐주고 계신다고 말했잖아. 처음 복직할 때 시어머니를 떠올리지 않았던 게 아니야. 부탁드릴까도 생각해 봤지만 시어머니도 아직 본인의 일을 하고 계셔서 그러지 못했지. 그때 시어머니는 "나도 내 일이 있어서 키워주진 못하지만 도움이 필요할 땐 언제든 연락해라"라고 하셨어. "알겠다"고 말씀드렸는데 안 잊히셨나봐. 다시 한 번 강조하셨어.

"힘들까봐, 집이 머니까, 선약이 있을까봐, 나를 배려한다는 이유로 주저하지 말고 도움이 필요할 땐 꼭 연락해. 힘들면 힘들어서 못 돕겠다고, 선약이 있으면 있어서 못 돕겠다고 나도 솔직하게 말할 테니 너도 도움이 필요할 땐 솔직하게 부탁하렴. 그게 가족이다."

그 말씀이 "언제든 도와줄게"보다 오히려 든든했어. 이렇게 꾸려나가면 가족 구성원 개개인이 독립적이면서도 서로에게 힘이 되어주는 관계가 될 수 있지 않을까? 아이들은 부모에게 미안한 감정 없이 감사하며 자라고, 부모도 아이를 키우느라 '나'를 잃는 것이 아닌 '더 큰 나'로 성장하는 그런 가족으로 말이야.

같이 결정하고, 같이 돌아보기

매주 금요일 아침 8살, 7살, 4살 남매는 가장 먹고 싶은 과자 한 가지씩을 아빠인 건희 씨에게 말합니다. 건희 씨는 스마트폰에 메모하며 "퇴근할 때 잊지 않고 사 오겠다"라고 약속하죠. 과자 세 봉지는 건희-지성 씨 가족의 '불금 회의' 준비물입니다.

건희 씨 가족은 매주 금요일 저녁을 먹은 뒤 가족회의를 합니다. 올해 첫째가 초등학교에 들어가면서 가족회의를 열었는데 아직은 아이들이 어리다보니 '회의'보다는 '티타임'에 가깝습니다. 아이들이 가족회의를 즐겼으면 하는 마음에 과자를 준비했더니 예상대로 아이들은 회의를 손꼽아 기다립니다.

첫 안건은 주로 주말 계획입니다. "일주일간 수고했어. 내일은 토요일이니 우리 뭐 할까?" 하고 지성 씨가 물으면 아이들이 앞다퉈 얘기합니다. "친구들이 영화관에서 포켓몬스터 봤대요. 나도 보고 싶어요", "영화관은 깜깜해서 무서워! 자전거 타러 갈래요" 등 늘 그렇듯 첫째와 둘째의 의견이 팽팽하게 대립합니다. 셋째는 과자를 먹느라 정신이 없을 때가 많고요. 아이들이 이야기하고 있을 때는 건희 씨도, 지성 씨도 가급적 듣고만 있으려고 합니다. 아이들은 금방이라도 한쪽이 울어버릴 것 같지만, 각자 영화관과 자전거를 고집하며 서로를 설득하려고 하고요. 이날의 대화는 자전거로 결론이 났습니다. 포켓몬스터는 VOD로 보기로 했죠.

그리고 지성 씨가 정말 이야기 나누고 싶었던 주제를 꺼냅니다. 요즘 들어 아침 등교 준비가 늦어지고 있거든요. "이러다 늦겠다. 서두르자"라고 수십 번을 이야기해야 아이들은 느릿느릿 움직입니다. 이번 주만 해도 큰소리를 두 번이나 냈습니다.

"얘들아. 어제 아침 기억나?" 하고 물으니 아이들이 기다렸다는 듯 목청껏 "응! 엄마가 화냈잖아!"라고 외칩니다. "등교 시간은 다가오는데 준비를 서두르지 않아서 마음이 급했다"며 이유를 설명하니 둘째가 "근데 왜 등교 시간을 지켜야 하는데?"라고 묻습니다. "등교 시간은 학생이 지켜야 하는 규칙이야. 선생님이 말씀하시는데 문이 열리고 친구가 들어오면 쳐다보게 되잖아. 선생님도, 친구들도 불편하고 지각한 너도 중요한 것을 배우지 못할 수 있어"라고 설명하니 아이들도 알아듣는 눈치입니다.

첫째는 "그렇다면 아침에 10분 먼저 일어나자"라고 제안했습니다. 건희 씨가 "일찍 일어나면 학교에 가서 졸릴지도 모르는데 어떻게 하지?" 하고 묻자 "그럼 더 일찍 자면 되지!" 큰소리를 칩니다. 둘째도, 셋째도 "그러자!"며 동의했습니다. 이제 아이들은 10분 일찍 자고, 10분 일찍 일어납니다.

가족회의를 해 보니 아이들이 부모가 시킬 때보다 가족회의를 통해 결정되는 것을 더 잘 지키려고 합니다. 그 모습을 보며 건희 씨와 지성 씨가 아이들을 대하는 태도도 달라졌고요.

"아이에게 올바른 길, 좋은 것을 보여주고 이끌어주려고만 했거든요. 그런데 아이들도 아이들 나름의 생각이 있더라고요. 의견을 묻고 상의하면 각자의 생각을 이야기해요. 그리고 그 생각들은 어른인 내가 놓친 것들도 있고요. 회의를 통해 아이를 '작은 어른'으로 대하는 법을 배우고 있는 것 같습니다."

실천하기

가족회의 시간을 만들어보세요. 효과적인 가족회의가 진행되기 위해서는 몇 가지 원칙이 있습니다.

1. 가족이 한 명도 빠짐없이 참석 가능한 시간을 정한다.
2. 모두의 의견을 동등하게 존중하며 진행한다.
3. 회의를 통해 만들어진 규칙은 꼭 지킨다.

사소한 주제라도 좋아요. 가족 모두가 함께 의견을 나누고 실천하는 것에 의미를 두세요. 신혼 초기에는 부부 둘만의 시간이 많은 만큼 가족회의에 소홀하기 쉬워요. 특정 시간을 정해 꼭 실천해 보세요.

우리 가족의 버킷리스트 만들기

올해 목표	장기 목표
부부만의 데이트하기	양가 어른 모시고 여행 가기
함께하는 취미 만들기	가족 스냅 사진 찍기
서프라이즈 선물 주기	해외 한 달 살기
부부 셀카 자주 찍기	매년 포토북 만들기
서로가 추천하는 책 읽기	건강 관리

현정-규연 씨의 버킷리스트입니다. 작년 12월 31일에 새로 적어 냉장고 문에 붙여뒀습니다. 올해 마지막 날에도 내년 목표를 정하고, 버킷리스트도 점검할 예정입니다.

두 사람은 4년 전 부모가 됐습니다. 딸아이 재롱에 웃고, 때론 힘들어서 울고 그렇게 하루하루 보내다보니 어느덧 30대 후반입니다. 규연 씨는 어느 날 아침에 눈을 떴는데 곧 마흔이라는 생각이 들었다고 했습니다. 어렸을 때 '내 나이 마흔이면 이런 사람이 되어 있겠지?' 하고 생각했던 게 떠오르며 그 모습과 지금의 내가 얼마나 닮았나 고민하기 시작했습니다. 현정 씨도 마찬가지였습니다. 결혼하면서 이런 가정 꾸려야지 생각했었는데, 할 일이 많다보니 그날그날 열심히 살기에 바빴습니다.

그래서 두 사람은 조금 더 큰 그림을 그리기로 했습니다. 매일매일 최선을 다하는 동시에 1년, 10년 단위로 삶을 계획하기로 한 거죠. 그래서 작년 마지막 날, 두 사람이 A4용지를 가운데 두고 '버킷리스트'를 작성한 거랍니다. '버킷리스트'는 죽기 전에 꼭 해 보고 싶은 일의 목록입니다. 말 그대로 '하고 싶은 일'이지요. 바쁘다는 핑계로 '해야 할 일'을 처리하기에 바빴던 두 사람에게 '하고 싶은 일'을 떠올리는 건 색다른 경험이었습니다. 아이가 태어난 뒤로는 부부 둘만의 데이트를 한 적이 없었습니다.

아이 손이 아닌 서로의 손을 잡고 데이트를 하기로 했습니다. 결혼한 뒤로는 '네 돈이 내 돈이고, 내 돈이 네 돈'이라며 선물을 주고받지 않았는데 올해는 서로에게 필요한 것이 아닌, 서로를 기쁘게 해 줄 선물을 주고받기로도 했습니다. 휴대전화에 아이 사진만 가득한 것도 마음에 걸렸습니다. 서로를 찍어주고, 연애할 때처럼 부부만의 '셀카'도 자주 찍기로 했습니다.

조금 더 큰 그림도 그렸습니다. 10년 안에 이루고 싶은 버킷리스트도 작성했습니다. 아직은 아이가 어려서 엄두를 내지 못하지만, 10년 안에는 양가 부모님과 '삼대 여행'을 다녀오고, 결혼하기 전 웨딩 스냅 사진을 찍은 것처럼 아이와 함께 가족 스냅 사진을 찍어 거실에 걸어둘 생각입니다.

두 사람은 냉장고에 붙여 둔 '버킷리스트'를 볼 때마다 힘이 난다고 했습니다. 그리고 이렇게 정리해 보니 그동안 '하고 싶은 일'을 얼마나 미루고 있었는지도 알게 되었다고요. 규연 씨는 앞으로는 '해야 할 일'을 조금 덜하더라도 '하고 싶은 일'을 같이하는 가족이 되고 싶다며 환하게 웃었습니다.

실천하기

부부가 함께 의논하여 우리 가족의 버킷리스트를 작성해 보세요.	
1년 안에 이루고 싶은 것	10년 안에 이루고 싶은 것
1. 2. 3. 4. 5.	1. 2. 3. 4. 5.
이루고 싶은 버킷리스트를 고민하고, 이루고 난 후의 모습을 떠올리며 이야기를 나눠보세요.	

에필로그

은우야, 은재야.

너희들이 이 책을 읽을 즈음에는 지금의 엄마 아빠처럼 사랑하는 사람을 만나 결혼을 했겠지? 알콩달콩 행복하게 살고 있을까? 어쩌면 우리 엄마 아빠는 왜 나를 말리지 않았나 원망하고 있을지도 모르겠다. 아마 결혼하길 잘했다 싶은 날도, 죽도록 후회되는 날도 있을 거야. 엄마 아빠도 그랬으니까.

하루는 너희 할머니 앞에서 결혼 생활이 왜 이렇게 오락가락하냐고 투덜거린 적도 있어. 할머니가 웃으며 그러시더라. 사람 사는 일 중에 오락가락하지 않은 게 어디 있느냐고. 결혼도 사람 사는 일이라고.

그 말을 듣는 순간 맥이 탁 풀렸어. 그러면서 묘하게 마음이 편해졌지. '아 맞아. 어쩌면 결혼을 너무 특별하게 생각한 게 문제였을 수도 있겠다' 싶더라. 그 뒤로 결혼을 조금 가볍게 생각할 수 있게 됐어.

'처음 같이 사는데 안 맞는 게 당연하지. 살면서 맞아가겠지' 하고 긍정적으로 생각하기도 했고 '안 맞으면 뭐 어때? 꼭 맞아야 하나?' 하고 쿨하게 넘기기도 했지. 그랬더니 오히려 즐거워졌어.

서로 노력할 부분은 노력하고 존중할 부분은 존중하며 하루하루를 즐겼어.

그래서? 너희들 기억 속에 있는 것처럼 행복한 부부가 됐지. 그리고 엄마 아빠를 더 행복하게 만들어준 너희 둘의 부모가 됐고 말이야. 우리 넷이 식탁에 둘러앉으면 그러잖아. "완전체 완성!" 장난처럼 외치지만 매번 진심이었단다.

힘들지만 행복하다는 말, 이상하지? 그런데 엄마 아빠 요즘 그래. 눈만 마주쳐도 활짝 웃어주는 너희들이 참 고마워. 동시에 그 웃음을 오래오래 지켜주고 싶은데 그럴 수 있을까? 부족한 부모인 것 같아 미안해지기도 해.

그런데 부모라고 꼭 완벽해야 할까? 엄만 할머니의 딸이어서 행복하지만, 할머니가 완벽한 엄마여서 행복한 건 아니었거든. 그냥 할머니가 좋고 할머니 생각만 해도 행복했어. 그리고 가끔은 실수투성인 할머니가 더 좋기도 했어. 그래도 내 눈엔 멋있기만 했거든. '우리 엄마는 어떻게 실수할 때도 멋있냐' 싶었지. 부모는 훌륭해서, 빈틈이 없어서 좋은 게 아니야. 그냥 부모라서 좋은 거야. 부모의 자식 사랑은 무조건적이라고 하잖아. 자식도 같은 것 같아. 너희들에게 "엄마가 왜 좋아?" 하고 물으면 "엄마니까"라고 말하는 걸 보면 말이야.

　　은우야, 은재야.
　　우리 행복하자. 같이 행복해지자.
　　늘 너희들을 지지할게.

_ 김아연

하유, 하루에게

안녕 하유야, 하루야. 아빠는 너희가 결혼하기 전에 이 책을 꼭 선물하고 싶었어. 물론 너희들이 힘든 상황이 오더라도 지혜롭게 대처할 수 있는 성인으로 잘 자랐으리라 믿어 의심치 않지만 다른 환경에서 자라온 누군가와 함께 산다는 건 절대 쉬운 일이 아니기에 이 책을 통해 조금이라도 시행착오를 줄였으면 하는 마음이야. 물론 모든 상황에 완벽한 부부, 완벽한 부모가 되라는 말은 아니야. 그냥 서로 존중하고 이해하며 합을 맞춰 가는 결혼 생활을 했으면 해.

너희도 알다시피 아빠와 엄마는 연애 기간이 길었던 만큼 서로를 잘 알기에 결혼 생활에는 자신이 있었어. 연애 기간 동안 거의 싸우지도 않았거든. 하지만 결혼을 하고 나서는 예상과 달리 매일이 전쟁이었지. 긴 싸움 끝에 겨우 종전이 찾아왔는데 종전을 할 수 있었던 결정적 이유는 정말 사소하지만 말 한마디였어. "오늘도 수고했어, 고마워." 이 짧은 한마디가 꽁꽁 얼었던 마음을 녹였던 거 같아.

그때를 떠올려보면 서로 존중받지 못한다고 생각하면서 갈등이 시작되었던 거 같아. 너희들도 항상 서로를 생각하고 존중하는 마음을 잃지 않았으면 좋겠어.

분명 우리 하유랑 하루는 잘할 수 있을 거라 믿어.

사실 아빠의 욕심으로는 하유랑 하루가 슬프고, 화나고, 짜증나는 날보다 매일 즐겁고, 유쾌하고, 행복한 날이 가득했으면 해. 하지만 항상 행복하지만은 않을 거야.

그때마다 행복하지 않다고 불행한 건 아니라는 걸 꼭 기억했으면 좋겠어. 울고 싶을 때는 울고, 화가 날 때는 화도 내고 좋은 건 좋다, 싫은 건 싫다, 고마운 건 고맙다, 있는 그대로 너희들 감정을 잘 표현하면서 살았으면 좋겠어.

하유는 하유답게,
하루는 하루답게 말이야.
아빠는 항상 너희들을 응원할게.
하유야 하루야, 항상 건강하고 행복하자.

_ 박현규

참고문헌

고든 뉴펠드 · 가보 마테, 《아이의 손을 놓지 마라》, 김현아 역, 북라인, 2018.

고바야시 미키, 《남편이 죽어버렸으면 좋겠다》, 박재영 역, 북폴리오, 2017.

로라 밴더캠, 《성공하는 여자는 시계를 보지 않는다》, 김수진 역, 국일미디어, 2017.

박성덕, 《당신, 힘들었겠다》, 21세기북스, 2017.

박혜란, 《결혼해도 괜찮아》, 나무를심는사람들, 2015.

브리짓 슐트, 《타임 푸어》, 안진이 역, 더퀘스트, 2015.

수잔 스티펠만, 《캡틴 부모》, 이승민 역, 로그인, 2018.

알리 러셀 혹실드, 《돈 잘 버는 여자 밥 잘하는 남자》, 백영미 역, 아침이슬, 2001.

애너벨 크랩 · 정희진, 《아내 가뭄》, 황금진 역, 동양북스, 2016.

앤 마리 슬로터, 《슈퍼우먼은 없다》, 김진경 역, 새잎, 2017.

오쓰카 히사시, 《일하는 당신을 위한 결혼 사용설명서》, 박승희 역, 부키, 2013.

오타 도시마사, 《우리 남편, 육아빠가 될 수 있을까?》, 송소영 역, 사막여우, 2014.

정현종, 《섬》, 문학판, 2015.

제니퍼 시니어, 《부모로 산다는 것》, 이경식 역, 알에이치코리아, 2014.

조슈아 콜맨, 《게으른 남편》, 오혜경 역, 21세기북스, 2007.

존 가트맨 · 줄리 슈워츠 카트맨, 《우리 아이를 위한 부부 사랑의 기술》, 최성애 역, 해냄출판사, 2008.

파멜라 드러커맨, 《프랑스 아이처럼》, 이주혜 역, 북하이브, 2013.

토니 험프리스, 《가족의 심리학》, 윤영삼 역, 다산초당, 2011.

팀 켈러, 《팀 켈러, 결혼을 말하다》, 최종훈 역, 두란노서원, 2014.

존 그레이, 《화성에서 온 남자 금성에서 온 여자》, 김경숙 역, 동녘라이프, 2010.

통계청, 〈2014 생활시간조사〉
여성가족부, 〈2015 가족실태조사〉
통계청, 〈2016 신혼부부통계〉
통계청, 〈2016 사회조사〉
통계청, 〈2017 일·가정 양립 지표〉
인구보건복지협회, 〈저출산 국민인식조사〉, 2018.
구현정, 〈분야별 화법 분석 미 향상 방안 연구: 가정 내 대화법〉, 국립국어원, 2014.
일본 베네세 차세대 육성 연구소, 〈제1회 임신·출산·육아 기본 조사, 추적조사 (임신기~만 2세 시기)〉, 2011.

Eli J Finkel, 《The All-or-Nothing Marriage》, Penguin, 2017.
Andrew J. Cherlin, 《The Marriage-Go-Round》, Knopf Doubleday Publishing Group, 2010.
Kurdek, L. A, 《What do we know about gay and lesbian couples?》, Current Directions in Psychological Science 2005.
Sarah M. Allen and Alan J. Hawkins, 《Maternal Gatekeeping: Mothers' Beliefs and Behaviors That Inhibit Greater Father Involvement in Family Work》, Journal of Marriage and Family, 1999.
Tom W. Smith et al, 《The General Social Survey》, 1972-2010, National Opinion Research Center 2011.
Vaughn Call, Susan Sprecher and Pepper Schwartz, 《The Incidence and Frequency of Marital Sex in a National Sample》, Journal of Marriage and Family, 1995.

오늘부터 진짜 부부

초판 1쇄 발행일 2018년 10월 24일
초판 8쇄 발행일 2023년 9월 27일

지은이 김아연, 박현규
그린이 유총총

발행인 윤호권
사업총괄 정유한

발행처 ㈜시공사 **주소** 서울시 성동구 상원1길 22, 6-8층(우편번호 04779)
대표전화 02-3486-6877 **팩스(주문)** 02-585-1755
홈페이지 www.sigongsa.com / www.sigongjunior.com

글 ⓒ 김아연, 박현규, 2018 | 그림 ⓒ 유총총, 2018

ISBN 978-89-527-8844-3 03190

*시공사는 시공간을 넘는 무한한 콘텐츠 세상을 만듭니다.
*시공사는 더 나은 내일을 함께 만들 여러분의 소중한 의견을 기다립니다.
*지식너머는 ㈜시공사의 브랜드입니다.
*잘못 만들어진 책은 구입하신 곳에서 바꾸어 드립니다.

WEPUB 원스톱 출판 투고 플랫폼 '위펍' __wepub.kr
위펍은 다양한 콘텐츠 발굴과 확장의 기회를 높여주는
시공사의 출판IP 투고·매칭 플랫폼입니다.